세계의
발명품을
파고파고

세계의 발명품을 파고파고

초판 1쇄 인쇄 2024년 8월 5일
초판 1쇄 발행 2024년 8월 10일

글 조아라
그림 송진욱
펴낸이 구모니카
디자인 양선애
마케팅 신진섭
펴낸곳 M&K
등록 제7-292호 2005년 1월 13일
주소 경기도 고양시 일산서구 고양대로 255번길 45, 903동 1503호(대화동, 대화마을)
전화 02-323-4610
팩스 0303-3130-4610
E-mail sjs4948@hanmail.net

ISBN 979-11-91527-90-2 74900
      979-11-91527-61-2(세트)

※ 값은 뒤표지에 있습니다. 잘못된 책은 바꾸어 드립니다.

세계의 발명품을 파고파고

글 조아라 | 그림 송진욱

엠앤키즈

머리말

　발명은 사소한 불편에서부터 시작해요. 조금 더 편하게 할 수 있는 방법을 찾는 것에서부터 말이죠. 작은 아이디어 하나가 생활의 편리함을 더해 주는 거예요. 불편해도 그냥 참고 쓰면 될 걸 못 참고 조금 더 편하기 위해 안간힘을 쓰는 걸 보면 발명이란 인내심이 없는 사람이 하는 게 아닌가 하는 생각이 들기도 해요.

　그런데 그 발명품이 어떻게 만들어진 것인지 과정을 찾아보고 나면 그런 생각이 쏙 들어가죠. 번뜩이는 아이디어 하나만 있으면 된다고요? 과연 그럴까요? 그것을 발명품으로 만들어 내기까지 쏟아부은 발명가의 노력이 결코 만만치 않아요. 상상도 안 될 만큼의 수많은 실패와 기나긴 노력의 시간이 필요하다는 사실을 기억해 주었으면 좋겠어요. 나라면 그게 귀찮아서라도 그냥 불편해도 참고 발명 같은 건 하지 않을 텐데 말이에요. 결국 발명이라는 건 빛나는 아이디어에 그치는 것이 아니라 상상을 현실로 만들기 위한 피나는 노력인 셈이지요.

이 책에는 스무 가지의 발명품이 나와요. 모두가 세상을 바꾼 놀라운 발명품이지만 그렇다고 해서 도깨비방망이를 두드리는 것처럼 뚝딱하고 나온 것은 없어요. 대부분이 세상에 없는 것을 '짠' 하고 새롭게 내놓은 것이라고 보기는 어려워요.

나는 나 이전의 마지막 사람이 멈추고 남겨 놓은 것에서 출발한다. 나는 실패한 게 아니라 성공하지 않은 방법을 1만 가지 발견했다.

— 토머스 에디슨

에디슨의 말처럼 처음 출발은 원래 있던 것에서 조금 바꿔 본 것에 불과했어요. 남들이 하던 발명에서 힌트를 얻기도 하고 이전의 것을 조금 수정하여 널리 쓰이게 한 것도 있고요. 의외로 발명은 아주 작은 것 하나를 바꿔 보는 것에서부터 시작된답니다. 세상을 바꾸는 데에는 당연한 것을 바꾸어 생각해 보는 힘과 그것을 실현하기 위한 수많은 도전과 실패가 필요하다는 것을 잊지 마세요.

조아라

차례

머리말　4

1장　세계 역사를 바꾼 놀라운 발명품들

학문과 예술을 발달시킨 **종이**　10
방향을 알려 주는 **나침반**　15
볼 수 없는 건 없다! **망원경 & 현미경**　19
수증기의 강력한 힘으로 일하는 **증기 기관**　24
예방 NO! 치료 YES! **항생제**　31

2장　편리한 생활을 돕는 발명품들

운반과 이동의 자유를 허락한 **바퀴**　38
언제 어디서나 너의 목소리가 들리는 **전화**　43
껌부터 타이어까지 탱탱하고 질긴 **고무**　49

요리할 필요 없이 오래오래 보관하는 **통조림**   54

콘센트 없이 어디든 데려갈 수 있는 **건전지**   60

무엇이든 알고 있는 척척박사 **컴퓨터**   65

원하는 건 뭐든 만드는 **플라스틱**   70

물만 내리면 끝! **수세식 변기**   76

깜깜해도 무섭지 않은 **전구**   82

오랫동안 신선하게 **냉장고**   88

3장 빼놓을 수 없는 우리나라 발명품들

한국 최고의 발명품 **한글**   96

세계 최초로 만든 **금속 활자**   102

이순신 장군의 영원한 단짝 **거북선**   107

뜨끈뜨끈 과학적인 난방법 **온돌**   112

한국인의 매운 힘 **김치**   119

세계 역사를 바꾼 놀라운 발명품들

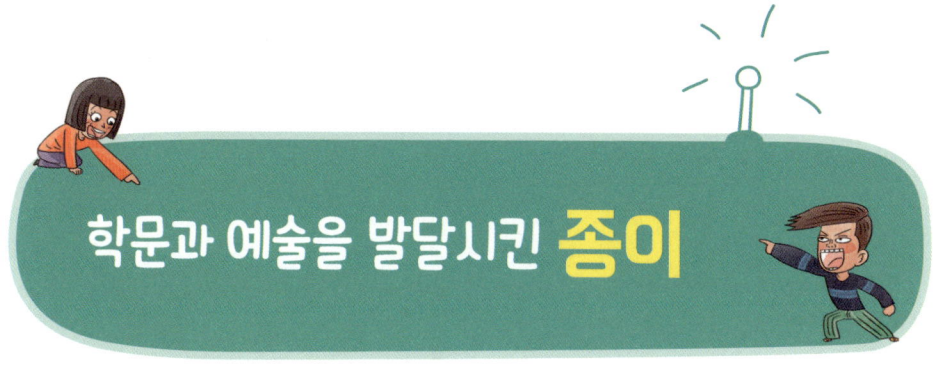

학문과 예술을 발달시킨 종이

종이를 만든 사람은 채륜이다?

종이는 중국의 4대 발명품 중 하나예요. 종이가 나오기 전까지 고대 중국 사람들은 나무나 비단에 글을 적었어요. 하지만 나무는 부피가 커서 보관이 어렵고, 비단의 경우 보관은 쉬우나 워낙 비싸다 보니 부담이 컸지요. 당시 왕실의 재정을 담당하던 채륜은 비단을 대신할 만한 물건을 찾기로 했어요. 그전에도 이미 나무의 섬유를 이용해서 만든 종이 전 단계의 제품이 있었지만 아직 이렇다 할 만한 것은 없는 수준이었죠.

| 채륜

"더 편하게 쓸 만한 게 있으면 좋을 텐데……."

채륜은 전국의 수많은 장인들과 기술을 총동원하여 표준화된 종이를 만들었어요. 그러니까 '채륜이 종이를 발명했다!'라고 딱 집어 말할 수는 없지만 채륜을 통해 종이가 지금의 쓰임새를 갖추었다고 할 수 있어요.

이렇게 보면 발명은 세상에 없던 것을 만드는 것뿐 아니라 정리되지 않고 흩어져 있던 것을 다듬고 보완해 더 훌륭한 것으로 만드는 것이라고 볼 수 있어요.

종이가 나오기 전에는 어떤 것으로 글을 썼을까?

고대 중국에서는 오래전부터 대나무를 이어 만든 죽간에 글을 썼어요. 하지만 죽간은 너무나 무거워서 책 한 권을 만들기 위해서는 커다란 수레 하나가 필요할 정도였답니다. 죽간 외에도 딱딱한 거북 등껍

▎기원전 3세기 파피루스에 쓴 편지

질이나 소의 견갑골 등 동물의 뼈에 글을 쓰기도 했어요.

　서양에서는 점토판에 글을 새겼는데 역시나 무게가 엄청난 데다, 마르면 글씨를 쓰기 어렵다는 단점이 있었어요. 이집트에서는 갈대의 종류인 파피루스에 글을 썼어요. 종이의 영어 이름인 페이퍼(paper)도 파피루스의 이름에서 따왔다고 해요. 하지만 파피루스는 이집트의 특산물이라 다른 지역에서는 구하기 어렵거나 비쌌고 습기에 약했어요.

　또한 양, 염소, 소의 가죽인 양피지도 인기였는데 죽간이나 점토판보다는 가볍지만 가격이 비싸다 보니 부유층에서만 사용할 수 있었답

니다. 성경 한 권을 쓰기 위해 양 300마리가 필요했대요.

종이로 무엇을 만들까?

초기의 종이는 포장지 역할을 했지만 점차 그 영역을 넓혀 기록의 용도로 쓰이게 되었어요. 6세기에는 화장지가 처음 등장했고, 당나라 때에는 종이를 접어서 가방을 만들기도 했어요. 송나라 후기에 들어서면 종이로 만든 화폐가 생기기도 했답니다. 종이 화폐가 탄생한 이후 전 세계적으로 화폐 제도 또한 급변했어요.

종이로 인해 정보를 전달하는 방법이 쉬워지고 기록하여 오랫동안 보관할 수 있게 되면서 인류의 지식과 문화를 보존하는 데도 큰 도움이 되었어요. 종이가 미술과 문학 등의 예술을 창작하는 데에도 크게 이바지했지요. 종이는 우리가 쓰는 상자, 휴지, 종이컵 등 온갖 생활용품에 쓰이기도 하죠. 심지어 조선 시대에는 종이로 갑옷까지 만들어 입었고 현대에 와서는 딱딱한 탁자나 의자를 만들기도 해요. 정말 종이는 만능 아닐까요?

인간보다 종이를 먼저 사용한 것은 말벌이다?

현대와 같은 종이를 만들게 된 것은 나무를 이용한 펄프의 개발 덕분이에요. 프랑스의 곤충학자인 레오뮈르는 장수말벌이 집을 짓는 모습을 유심히 관찰했어요. 장수말벌은 나무껍질이나 썩은 나무를 턱으로 긁어 침으로 반죽한 뒤, 종이와 같은 재질을 만들어 집을 지었지요.

이 모습을 보고 레오뮈르는 나무로 종이를 만들 수 있겠다는 생각을 했어요. 그리고 레오뮈르의 아이디어는 19세기 중반, 실제로 펄프를 이용한 종이의 대량 생산으로 이어졌어요. 채륜이 종이를 발명하기 훨씬 전부터 장수말벌은 더 현대적인 종이를 이용해 온 셈이라 할 수 있겠네요.

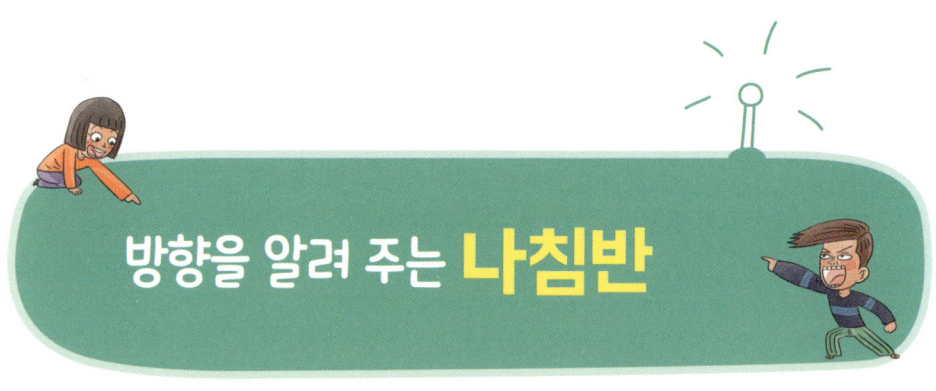
방향을 알려 주는 나침반

미지의 세계를 탐험하는 데 꼭 필요한 것은?

　내비게이션도 지도도 없던 먼 옛날, 탐험가들은 어떻게 미지의 세계를 찾아갈 수 있었을까요? 나침반이 없었다면 불가능했을 거예요. 방향을 알 수 없으면 넓은 바다에서 어디로 가야 할지 막막하잖아요.

　나침반은 자석으로 만든 바늘인 자침이 남북을 가리키는 특성을 이용하여 만들어졌어요. 누가 언제 발명했는지 정확히 알 수는 없지만 여러 역사 자료를 통해 중국에서 처음 발명된 것으로 알려져 있답니다. 중국

▎한나라 시대의 국자 나침반

사람들은 자석이 항상 일정한 방향을 가리킨다는 사실을 알아냈고, 이러한 자석의 성질을 이용해 나침반을 만든 뒤 방향을 찾을 때 사용했지요.

중국 최초의 나침반은 네모난 판 위에 국자가 올려져 있는 형태였어요. 국자의 손잡이 부분이 남쪽을 가리킨답니다.

나침반은 어떤 원리로 방향을 알려 줄까?

자석에 대해 알고 있나요? 자석은 N극과 S극으로 나뉘어 있는데 같은 극끼리는 서로 밀어내고 다른 극끼리는 서로 잡아당기는 성질이 있지요. 이 자석의 성질이 나침반에서도 쓰인다는 사실 알고 있나요?

나침반 바늘의 붉은 부분은 언제나 북쪽을 가리켜요. 그 이유는 바로 우리가 살고 있는 지구가 하나의 커다란 자석이기 때문이지요. 지구의 북극은 S극, 남극은 N극을 띠고 있답니다. 그래서 자석으로 만들어진 나침반의 바늘이 지구와 같은 극끼리는 밀어내고 다른 극끼리는 잡아당기는 것이지요. 나침반 바늘의 붉은 부분이 N극이기 때문에 S극을 띠는 북쪽으로 향하게 된답니다. 북쪽을 영어로 North라 하는 것도 나침반의 N극이 가리키는 방향이라서 그렇다고 해요. 이에 따라 우리는 나침반만 있으면 언제 어디서든 동서남북을 알 수 있지요. 방향을 알 수만 있어도 길을 헤맬 확률이 확 줄어들겠죠?

나침반이 가리키는 북쪽은 진짜 북쪽이 아니다?

나침반만 있으면 정확하게 북극으로 갈 수 있을까요? 아쉽지만 그건 아니에요. 나침반이 가리키는 북쪽을 '자북(磁北)'이라고 하는데, 자북은 지구의 자기장 변동으로 조금씩 변해요. 이에 비해 실제 북극인 '진북(眞北)'은 지구 자전축이라서 절대로 변하지 않아요. 그러다 보니 자북과 진북은 서로 차이가 날 수밖에 없지요.

따라서 극지방의 탐험과 같이 아주 정밀한 방위가 필요한 경우에는 지구 자기를 이용한 나침반은 적합하지 않답니다. 그래서 대형 선박 등에는 일반적인 나침반이 아니라 전륜 나침반을 사용하고 있어요. '자이로컴퍼스(Gyrocompass)'라 불리는 이 나침반은 고속으로 회전하는 자이로스코프의 축에 추를 달아 사용하는데, 항상 진북 방향을 가리켜요. 자기 나침반과는 달리 편차도 없고 철강으로 된 선박의 자체 자력에도 전혀 영향을 받지 않는 장점이 있답니다.

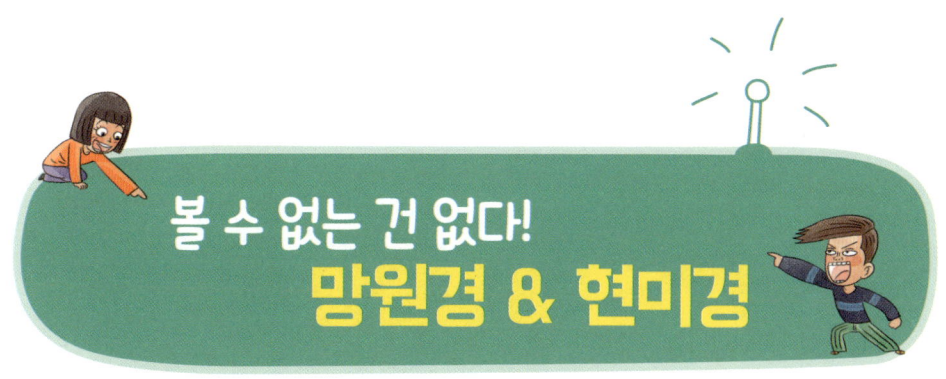

볼 수 없는 건 없다! 망원경 & 현미경

멀리 있어도 생생하게 볼 수 있는 망원경

네덜란드 안경원에서 일하던 한스 리퍼세이는 자신이 닦은 안경이 깨끗한지 보기 위해 볼록렌즈와 오목렌즈를 하나씩 들고 멀리 있는 교회 탑을 쳐다보았어요. 그런데 분명 멀리 있어서 잘 보이지 않던 교회 탑이 두 렌즈를 겹쳐서 보니 크고 정확하게 보이지 뭐예요? 이 원리를 이용해 리퍼세이는 최초의 망원경을 발명했답니다.

이 소식을 들은 이탈리아의 갈릴레오 갈릴레이는 리퍼세이가 만든 망원경을 개량하여 천체 망원경을 개발했어요. 이 망원경을 통해 갈릴레이는 목성, 금성, 달 등을 관찰할 수 있었고, 인류 최초로 망원경을 이용해 천체를 관측한 사람으로 기록되었지요.

상이 똑바로 보이지만 시야가 좁은 갈릴레이식 망원경의 단점을 보

완한 사람은 독일의 천문학자 요하네스 케플러예요. 케플러 망원경은 상이 거꾸로 보이지만 시야가 넓고 배율이 높아 멀리 있는 별도 크게 확대해 볼 수 있는 장점이 있지요.

망원경으로 태양을 보면 절대 안 돼요!

망원경으로 태양을 관측하려 해서는 절대 안 돼요. 그래서 어떠한 망원경이라 하더라도 태양을 보면 안 된다는 안내 문구가 반드시 쓰여 있답니다. 만약 이를 지키지 않으면 시력이 크게 손상되며 자칫 실명의 위기까지 올 수 있거든요.

망원경으로 태양을 보면 엄청난 양의 빛이 동공으로 들어오게 되어 시력에 큰 손상을 준답니다. 그래서 망원경으로 태양을 보려면 극히 일부의 빛만을 통과시키는 태양 필터를 사용해야 해요.

사진을 찍을 때도 마찬가지로 태양 필터를 사용해야 해요. 혹시 일식을 보고 싶다면 눈을 보호하기 위해 태양 필터나 여러 겹의 짙은 색 셀로판지, 짙은 선글라스 등의 도구를 반드시 활용해 주세요.

아무리 작아도 볼 수 있는 현미경

과학 시간에 현미경으로 무언가를 관찰해 본 적이 있나요? 현미경이 있다면 우리 눈에 잘 보이지 않는 아주 작은 물체나 미생물을 확대하여 자세히 볼 수 있어요. 1590년 네덜란드에서 안경을 만드는 기술자 자카리아스 얀센은 이미지를 더 크게 볼 수 있도록 하나의 관에 두 개 이상의 렌즈를 사용한 복합 현미경을 개발했어요.

하지만 얀센이 만든 현미경은 렌즈를 통해 물체를 보면 물체의 상 주변에 색의 주름이나 번짐이 나타나는 현상 때문에 널리 사용되지는 않았지요.

17세기 후반에는 네덜란드의 안토니 반 레벤후크가 놀랄 만큼 배율이 높은 렌즈를 개발했어요. 이때부터 그전까지 인간에게 잘 알려지지 않았던 미생물의 시대가 열리게 되었답니다. 현미경은 주로 학교나 연

구소, 병원 등에서 교육, 연구, 치료의 목적으로 사용되고 있어요.

우리가 흔히 알고 있는 현미경은 빛을 이용한 광학 현미경인데, 물체를 약 1,000배까지 확대해 볼 수 있어요. 만일 그 이상으로 확대해 보고 싶다면 전자 현미경을 사용하면 돼요. 물체의 수만 배까지도 확대가 가능하거든요.

현미경으로 노벨상을 받은 게 한두 번이 아니라고?

발명된 지 오래된 데다 일반인들에게도 친숙한 현미경으로 노벨상을 받았다니 놀랍지 않으세요? 게다가 한 번이 아니라면요?

현미경은 단순히 작은 물체를 크게 보는 기구에 그치는 것이 아니랍니다. 오늘날 발전에 발전을 거듭하고 있는 나노 과학 기술의 탐구를 위해서는 고성능의 현미경이 반드시 필요하기 때문이에요.

1953년 네덜란드의 물리학자 프리츠 제르니케는 세포를 염색하지 않고도 투명한 시료 내부의 구조를 뚜렷하게 관찰할 수 있는 위상차 현미경을 개발하여 노벨 물리학상을 받았어요.

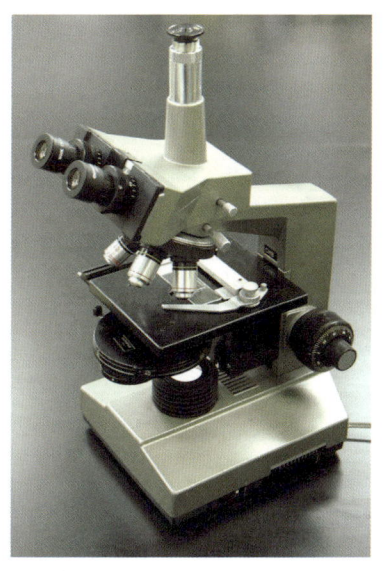
▎위상차 현미경

1986년에는 독일의 전기 공학자 에른스트 루스카가 사물에 전자를 쏘아서 볼 수 있는 전자 현미경을 개발하여 역시 노벨 물리학상을 수상했지요. 이 밖에도 2010년 노벨 물리학상을 받은 콘스탄틴 노보셀로프, 2017년 노벨 화학상을 받은 리처드 핸더슨과 요하임 프랭크 역시 현미경으로 수상의 영광을 안았답니다.

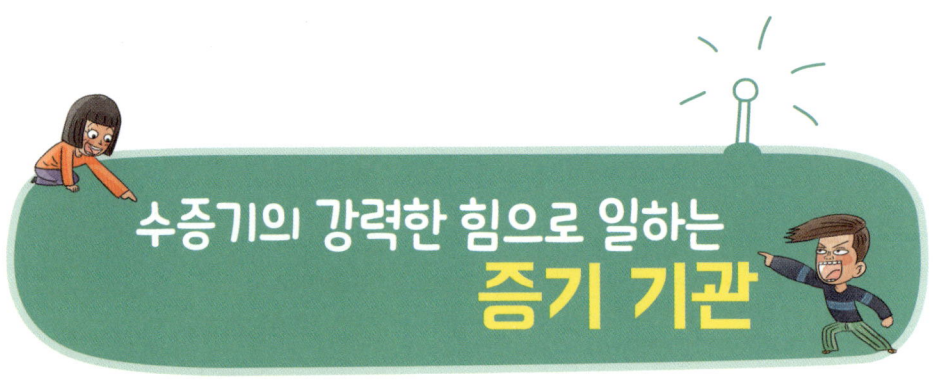

수증기의 강력한 힘으로 일하는 증기 기관

사람의 힘이 필요 없는 최초의 자동화 시스템

"손 하나 까딱하지 않고 저절로 도구를 움직이게 할 수는 없을까?"

예나 지금이나 사람들은 어떻게 하면 좀 더 편하게 살 수 있을지 고민하지요. 오랜 옛날부터 사람의 힘을 이용하지 않고도 물체를 쉬지 않고 움직이게 할 방법을 연구하던 사람들은 수증기의 힘을 이용하는 방법을 생각해 냈어요. 그렇게 해서 만들어진 것이 증기 기관이지요.

증기 기관은 수증기가 응축했다가 팽창하는 현상을 이용해서 움직이는 힘을 얻는 장치예요. 이 원리로 토머스 뉴커먼은 물과 석탄을 끌어올리는 펌프 용도로 증기 기관을 발명했어요.

실린더 안에 수증기를 주입하면 피스톤이 밀려 올라가는데, 이 수증기를 다시 응축시켜 진공을 만들면 외부 대기 압력과 실린더 안의 압

력에 차이가 생겨 피스톤이 아래로 내려가요. 이 과정을 통해 피스톤은 상하 운동을 하고, 피스톤에 양동이를 연결하면 사람이 힘을 쓰지 않아도 양동이로 물을 퍼 올릴 수 있는 것이지요.

이렇게 증기 기관으로 수십 명의 사람들이 며칠 내내 해야 할 일을 한 시간 만에 끝내게 되었어요.

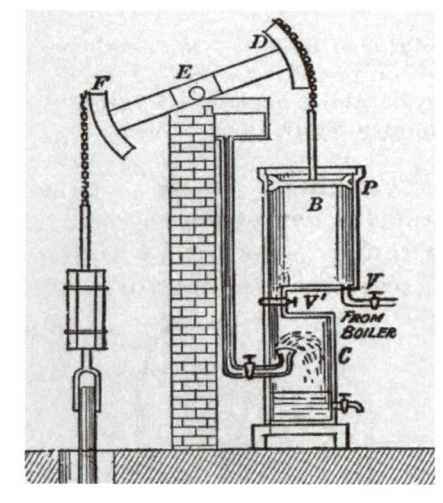

| 와트의 증기 기관 구조

이러한 증기 기관이 없었다면 인류의 대혁명 중 하나인 산업 혁명이 일어나기도 어려웠을 거예요.

산업 혁명을 이끈 증기 기관

예전부터 연구하던 증기 기관을 상업적으로 발명한 사람은 토머스 뉴커먼이에요. 하지만 뉴커먼의 증기 기관은 냉각시킨 실린더를 다시 가열할 때 지나치게 많은 연료가 필요한 단점이 있었지요.

이 문제를 해결하기 위해 제임스 와트는 뉴커먼의 증기 기관을 개량하여 실린더 두 개를 사용하도록 만들었어요. 하나는 항상 뜨거운 상태를 유지하고, 하나는 항상 차가운 상태를 유지하는 것이었지요. 이로써 와트는 낭비되는 연료를 크게 줄일 수 있었어요.

▎미국 최초의 상업용 증기 기관차 스토어브릿지 라이언(1829년)

▎더 빨리, 더 멀리! 산업 혁명을 이끈 증기 기관차

와트의 증기 기관이 사람들의 노동 방식을 바꾸면서 기계들을 한곳에 모아 놓고 물건을 만드는 공장들이 많이 생겨났어요. 또한 증기 기관을 활용한 기차가 생기면서 누구나 자신이 사는 지역을 벗어나 멀리까지 쉽게 여행할 수 있게 되었답니다.

와트의 증기 기관은 산업 혁명 시대를 열고 세계를 변화시켰어요. 많은 사람이 증기 기관을 발명한 사람을 와트로 알고 있어요. 하지만 와트는 증기 기관을 발명한 것이 아니라 작은 아이디어로 증기 기관을 놀랍도록 빠르게 확산시킨 것이랍니다.

여행의 자유를 허락한 증기 기관차

기차는 '수증기로 가는 차'라는 의미예요. 옛날에는 사람이나 가축의 힘으로 교통수단을 직접 끌어야 했기 때문에 멀리 이동하는 것이 쉽지 않았어요. 일단 힘이 빠지면 쉬어야 했으니까요.

증기 기관차는 피스톤이 좌우로 움직이면서 기차의 바퀴들도 움직이는데, 이 피스톤을 움직이게 하는 것이 바로 증기(수증기)랍니다. 석탄이나 나무를 태워 물을 끓이면 이때 생긴 수증기가 피스톤이 있는 칸으로 옮겨져 피스톤을 밀어내면서 바퀴가 움직이지요.

기차뿐 아니라 증기 기관을 이용한 교통수단에는 증기선(배)과 증기 자동차도 있어요. 어쨌든 증기 기관차가 탄생하면서 사람들은 먼 거리 이동이 가능해졌고 여행이나 이주도 자유로워졌어요.

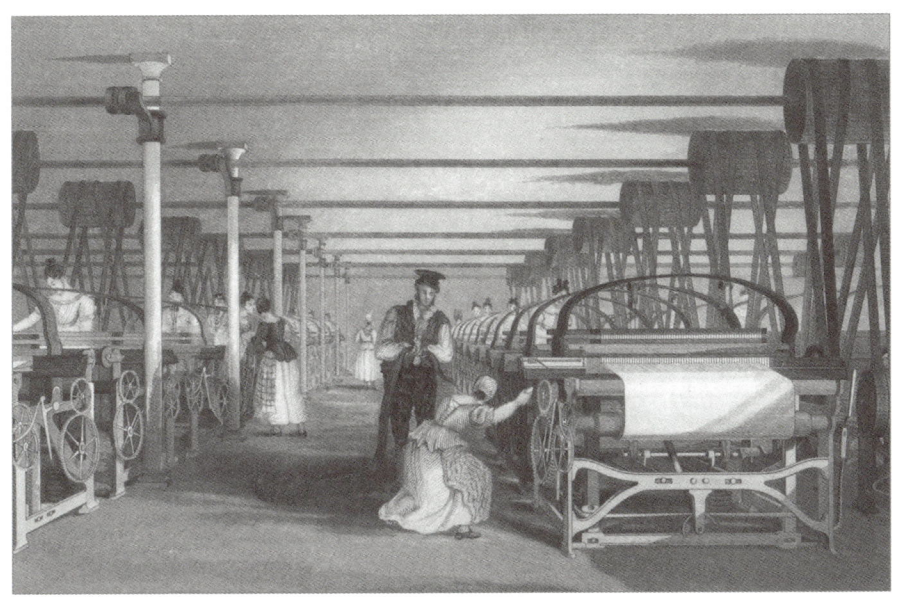
영국에서 시작된 산업 혁명

　물론 다른 지역으로 물건을 수출하는 것도 가능해지면서 경제의 규모도 크게 늘어났지요. 이전의 교통수단으로는 정확한 시간에 도착하는 것이 어려웠지만 증기 기관차가 생긴 이후부터 사람들은 시간을 지킬 수 있게 되었다고도 해요.

왜 산업 혁명은 영국에서부터 시작되었을까?

　증기 기관의 주된 연료는 석탄이에요. 석탄 자원이 풍부하고 맨 처음 연료로 사용한 곳은 중국인데, 왜 중국이 아닌 영국에서 증기 기관이 발명되고 산업 혁명이 시작된 것일까요?

신기하게도 영국의 탄광이 중국보다 훨씬 열악한 상황이었기 때문이에요. 영국의 탄광은 중국보다 습기가 많아 석탄을 캐기가 힘든 곳이었어요. 게다가 증기 기관의 또 다른 연료인 나무도 많이 부족했지요. 그렇기 때문에 탄광에 고이는 물을 퍼 올릴 좋은 펌프가 필요했고 새로운 에너지에 대한 열망도 더 뜨거웠어요.

반면 상대적으로 풍족하고 농업에 대한 의존이 높았던 중국은 펌프나 에너지에 대한 바람이 적었기 때문에 증기 기관을 서둘러 발명할 필요가 없었어요. 목마른 자가 우물을 판다는 말처럼 부족하고 절실할 때 사람들은 새로운 것을 발명하게 되나 봐요.

예방 NO! 치료 YES! 항생제

인체에 침입한 나쁜 세균을 공격해요

몸에 나쁜 세균이 들어오면 질병이 생겨요. 이러한 질병을 치료하기 위해서 우리는 항생제를 처방받아 먹지요. 항생제는 미생물이 다른 미생물의 성장을 막는 성질을 이용해 만들어 낸 약이랍니다. 인체에 침입한 세균을 공격하여 질병을 치료하는 원리인 것이지요. 백신은 감염병을 미리 막을 수 있지만 일단 감염된 후에는 소용이 없어요. 그래서 사람들은 병 자체를 치료할 수 있는 치료약을 만들기 위해 노력해 왔어요. 그렇게 해서 탄생한 것이 항생제랍니다.

실수와 우연이 만들어 낸 최초의 항생제

1928년 영국의 세균학자 알렉산더 플레밍은 상처를 감염시키는 '포도상 구균'이라는 세균을 배양하고 있었어요. 연구가 생각만큼 잘 되지 않자 플레밍은 일단 연구를 미룬 채 여름 휴가를 떠나기로 했어요. 서둘러 가느라 배양 용기의 뚜껑을 열어 두고 휴가를 갔지요.

플레밍의 연구실 바로 아래층에서는 곰팡이로 알레르기 백신을 만드는 연구가 한창이었어요. 그런데 이 실험실에서 사용한 곰팡이 중 하나가 운 좋게 위층으로 날아와 플레밍의 배양 용기에 가서 앉았어요. 날씨마저 평소보다 서늘하여 곰팡이가 피기 딱 좋았어요. 하늘이 플레밍의 연구를 도와준 걸까요?

휴가를 다녀온 플레밍은 곰팡이로 오염된 부분에만 포도상 구균이 살지 못한다는 사실을 발견했어요. 푸른곰팡이 속에 있는 성분에 세균이 자라고 늘어나는 것을 막는 항생 물질이 들어 있다는 것을 알게 된 것이지요. 플레밍은 이 성분을 '페니실린'이라고 불렀어요.

누군가의 포기는 또 다른 누군가의 시작!

추가 연구를 통해 플레밍은 이 푸른곰팡이로부터 페니실린을 분리해 냈어요. 그리고 페니실린이 포도상 구균뿐 아니라 연쇄상 구균, 뇌막염균, 임질균, 디프테리아균을 물리치는 데 효과가 있다는 점을 발견했지요. 플레밍은 페니실린으로 치료제를 만들기 위해 노력했지만 순수한 페니실린을 뽑아내는 과정은 무척 어려웠어요. 결국 그는 연구를 포기하고 말았답니다. 우연히 페니실린을 발견했지만 연구를 계속히기

▎페니실린 실험 중인 알렉산더 플레밍

란 너무 힘들었나 봐요.

그로부터 9년 후 영국 옥스퍼드 대학의 하워드 플로리와 에른스트 카인이 플레밍의 연구 결과에 관심을 가졌어요. 두 사람은 플레밍의 오류를 보완해 다시 한번 페니실린 연구를 하기 시작했어요.

두 사람은 동물 실험에서 페니실린의 효과를 입증했고, 포도상 구균에 감염된 환자를 대상으로 임상 시험을 실시했어요. 그 결과 페니실린의 화학적 구조를 밝혀내 대량으로 약을 생산할 수 있게 되었답니다.

마음대로 먹으면 안 돼요!

예전에는 병을 치료하기 위해 항생제를 많이 먹었어요. 하지만 최근 들어 항생제를 필요 이상으로 복용하면서 세균들이 항생제에 대항하는 '내성'이 생기는 문제가 생겼어요. 세균에게는 항생제를 만들 수 있는 능력과 그 항생제에 대항할 수 있는 능력이 동시에 있거든요.

정해진 기간 동안 항생제를 복용하지 않고 마음대로 중단하면, 항생제에 노출됐던 세균이 살아남기 위해 내성을 갖게 된다고 해요. 이럴 경우, 다음부터 그 항생제는 먹어도 쓸모없을 확률이 높아진답니다. 세계에서 우리나라의 항생제 내성률이 손꼽힌다고 하니 항생제는 세균 감염이 의심되는 경우에만 사용하고, 반드시 의사의 처방에 따라 복용해야겠어요.

편리한 생활을 돕는 발명품들

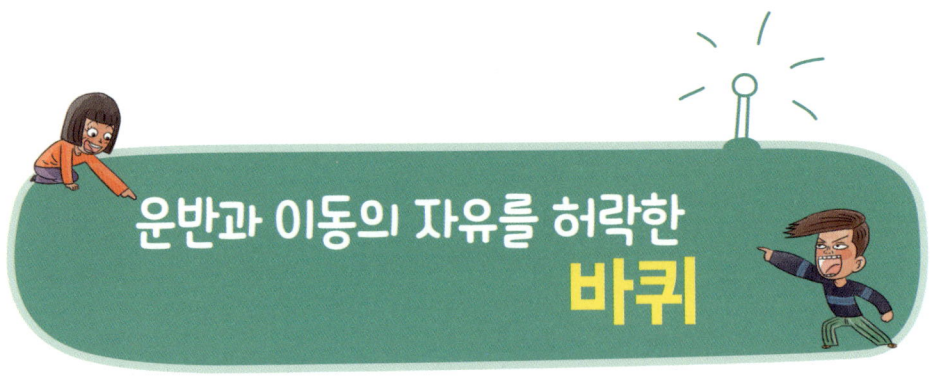

운반과 이동의 자유를 허락한 바퀴

썰매에서 수레까지

바퀴가 발명되기 전까지 옛날 사람들은 썰매를 이용하여 무거운 짐을 끌었어요. 끈을 매달아 가축에게 끌게 한 썰매는 사람들의 수고를 덜어 주었지만, 거친 땅에서 썰매를 끄는 일은 쉽지 않았지요.

그래서 이집트 사람들은 썰매 밑에 굴림대를 받쳐 굴리기 시작했어요. 이집트 문명의 상징인 피라미드는 이러한 방식을 사용하여 무거운 대리석을 옮길 수 있었답니다.

그러다 기원전 5000년경, 통나무를 잘라 원판 형태의 바퀴를 사용하게 되었어요. 원판은 통나무를 세로로 잘라 둥근 형태로 만들었는데, 나무의 물리적인 성질 때문에 가로로 자른 원판은 압력을 견딜 수 없어서라고 해요.

이후 기원전 3500년경 나무 바퀴는 세 조각의 두꺼운 판자를 맞추어 연결대를 댄 뒤 구리 못을 박아 만든 형태로 발전했지요. 그렇게 나무 바퀴를 단 수레가 발명되면서 무거운 짐을 운반하기가 한결 간편해졌답니다.

전차의 발명

통나무를 둥글게 자른 초기의 원판 바퀴에는 바퀴살이 없었어요. 그러다 기원전 2000년경, 원판형 바퀴보다 가벼워서 빠르게 굴러가고 충격 흡수력도 좋은 바퀴살 바퀴가 나왔지요.

바퀴살 바퀴는 전쟁할 때 쓰는 전차를 제작하는 데 활용했어요. 그리스 로마 시대의 전차는 전쟁에서 주요한 역할을 하기도 했지만 전차 경주와 같이 문화 생활의 일부로도 이용됐지요. 전차가 바퀴살 바퀴의 확산과 발달을 가져왔다고 할 수 있어요.

바퀴를 벨트로 감싼 무한궤도

탱크의 바퀴를 본 적 있나요? 보통 군용 차량의 바퀴는 일반 바퀴와 달리 여러 개의 바퀴를 체인으로 감싼 모습을 하고 있어요. 이를 '무한궤도' 또는 '캐터필러'라고 불러요.

1870년대 러시아, 영국, 미국의 발명가들이 개발한 무한궤도는 '바퀴가 빠지지 않게 땅 위에 길을 깔면서 나간다'는 발상에서 시작됐어

▎무한궤도를 이용한 바퀴

요. 여러 개의 바퀴를 체인(궤도) 하나로 감싸고, 그 체인 위로 바퀴가 구르면서 앞으로 나아가게 하는 원리예요. 지면과 닿는 면적을 차량 자체 길이에 가깝게 늘릴 수 있어 무게를 효과적으로 분산시킬 수 있답니다. 또한 일반 바퀴와 달리 바퀴 사이에 빈틈이 없어 장애물을 타 넘기 쉽기 때문에 험한 지형을 극복하는 데 유리해요.

초반에는 산업용으로 쓰였지만 장갑과 무장을 장착해 전투에 투입하는 '무한궤도식 장갑차'가 등장하면서 군용 차량에 쓰이게 되었어요.

타이어 무늬가 모두 다른 이유

경주용 자동차의 타이어를 자세히 살펴보면 일반적인 자동차 타이어와 달리 무늬가 없어요. 자동차 타이어의 무늬는 마찰력을 위해 만든 것이에요. 마찰력이란 접촉하고 있는 두 물체 사이의 상대적인 움직임을 방해하는 힘을 말해요.

눈이나 비 때문에 타이어와 도로 사이에 얇은 막이 생기거나, 모래 등의 이물질이 있는 경우 마찰력이 줄어들면서 제동이 잘 되지 않아요. 이때 타이어 무늬가 마찰력을 높여 사고 위험을 줄여 준답니다.

반대로 경주용 자동차는 최대한 빨리 가는 것이 목표라서 타이어 무늬를 제거함으로써 마찰을 줄여 속도를 높이지요. 이렇듯 다양한 환경에서 마찰력을 높여 주기 위한 중요한 역할을 하므로 자동차 종류 및 생김새에 따라 바퀴 모양도 제각각이랍니다.

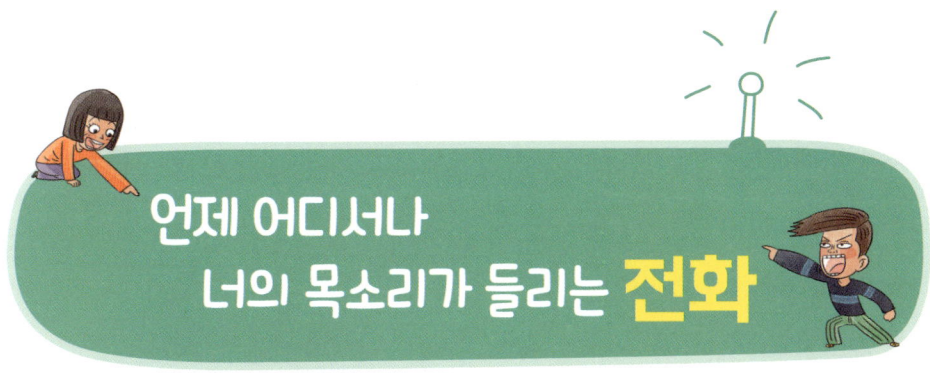

언제 어디서나 너의 목소리가 들리는 전화

도대체 누가 발명한 거야?

때로는 편리하고 때로는 귀찮은 전화기! 전화기를 발명한 사람은 누구일까요? 벨이라고요? 그래서 우리는 전화벨이 울린다고 하는 걸까요? 영국의 그레이엄 벨이 가장 먼저 전화기 특허를 딴 것은 사실이에요. 하지만 여러 발명품이 그러하듯 전화기 역시 발명의 기준에 따라 발명한 사람이 달라져요.

이탈리아 출신의 미국 과학자 안토니오 메우치는 아픈 아내와 대화

▎1892년 시카고로 첫 전화를 하는 벨

하기 위해 전화기를 발명하고 뉴욕에서 시연까지 성공한 후, 특허 신청을 했어요. 하지만 돈이 부족한 탓에 정식 특허를 얻지 못했고, 그사이 벨이 1876년 특허를 얻었답니다.

　재미있는 것은 미국의 또 다른 발명가 엘리샤 그레이도 벨과 같은 날 전화 특허를 신청했다는 거예요. 아쉽게도 두 시간 늦게 낸 탓에 가장 먼저 접수한 벨에게 특허가 인정되었어요. 전화기를 발명하고 시연한 순서로는 그레이가 먼저였지만 특허는 먼저 접수한 벨에게 돌아간 것이지요.

이런 이유로 2002년 미국 의회가 "최초의 전화기 발명가는 메우치다."라고 공식적으로 선언하긴 했지만 아직도 사람들의 머릿속에는 전화기 발명가로 벨이 먼저 자리 잡혀 있어요.

무전기와 전화기는 무엇이 다를까?

서로 멀리 떨어진 곳에서도 통신이 가능한 무전기와 전화기. 사실 성능으로만 보면 전화기가 비교할 수 없을 만큼 월등히 높아요. 훨씬

더 멀리 떨어져 있어도 통화가 가능하거든요. 하지만 전화기는 상대방이 원치 않을 경우 받지 않으면 그만이고 매달 통신 요금이 부과되어요. 이에 비해 무전기는 즉각적인 통신을 목적으로 하기 때문에 상대방의 의사와 상관없이 전달이 가능하고 생활용 무전기의 경우 전파 사용료도 따로 없어요. 대신 양쪽에서 동시에 말을 할 수 없어 짧게짧게 의사소통을 해야만 하지요.

흔히 전쟁 같은 비상 상황에서 무전기를 사용하는 모습을 볼 수 있는데 이는 무전기 특성상 상대방의 의사와 관계없이 의사를 전달할 수 있기 때문이에요. 만약 비상 상황일 때 전화를 걸었는데 상대가 받지 않으면 큰일이니까요. 게다가 일일이 전화번호를 찾아 누르지 않아도 되는 장점이 있고 통신 기지국이 파괴되더라도 전파로 신호를 잡는 무전기는 통신 전달에 아무런 문제가 없기에 응급 시 활용성이 더욱 높아요.

전화기 변천사

소리를 멀리 전달하려는 연구는 오랜 옛날부터 있었어요. 물론 실이나 막대기의 양 끝에 진동판을 달고 한쪽에서 받은 진동을 다른 한쪽으로 전달하는 것에 불과하긴 했지만 말이죠. 어렸을 적 종이컵에 실을 달고 놀던 종이컵 전화기를 생각해 보세요.

그러다 전류에 의해 음성을 전하는 현재의 전화 방식으로 점차 변화해 왔답니다. 처음에는 핸들을 돌려 전화를 거는 방식의 수동식 전화기를 사용했으며, 교환원이 전화를 연결해 주었어요.

그러다 다이얼을 돌리는 식의 자동식 전화기로 변했고 버튼을 누르는 방식의 전자식 전화기가 나왔지요. 휴대 전화 역시 초기에는 상대방과 통화만 할 수 있었지만 문자 메시지를 사용할 수 있게 되고 점차 발전하면서 정보 찾기와 전자 우편, 음악 감상 등의 다양한 기능이 추가된 스마트폰이 생겨났답니다.

┃다이얼식 전화기

스마트폰의 발명

현대인의 필수품인 스마트폰은 언제 누가 제일 먼저 만들었을까요? 1992년 미국 IBM 회사에서 개발한 '사이먼'이란 이름의 전화기는 달력, 주소록, 계산기, 메모장, 이메일, 팩스 기능을 갖고 있었으며 전화를 하기 위해 버튼을 누르는 대신 텍스트 입력을 할 수 있는 온스크린 키보드와 검색을 위한 터치스크린을 탑재했어요.

오늘날의 스마트폰 특징을 그대로 가지고 있었지만 시대를 너무 앞서나갔던 탓에 큰 성공을 거두지는 못했어요. 혁신적인 제품이 성공하기 위해서는 제품이 확산될 수 있도록 환경이 먼저 만들어져야 하거든요. 빠른 네트워크, 웹 브라우저, 다양한 앱을 제공하는 앱스토어도 함께 개발되어야 해요. 하지만 사이먼이 출시된 1990년대 초반에는 아무것도 갖춰지지 않은 상태였기에 스마트폰이 출시되었어도 그것을 제대로 다룰 만한 환경이 뒷받침되지 않았어요. 물론 당시 휴대 전화와 비교해서 지나치게 비싼 가격도 한몫했지요.

이후 스마트폰을 위한 여러 운영 시스템이 개발되기 시작해 2000년대 중반에 와서 본격적으로 널리 쓰이게 되었답니다.

껌부터 타이어까지 탱탱하고 질긴 고무

신기한데 어떻게 사용하는 거야?

고무나무에서 나오는 액체를 말린 고무를 사용한 흔적은 아주 옛날부터 찾을 수 있어요. 기원전 1600년경 중앙아메리카 원주민들이 고무나무에서 추출한 유액을 사용했다는 기록이 있고, 기원전 500년경 이집트에서는 고무의 추출액을 접착제와 방부제로 사용했지요.

15세기 말, 서인도제도로 항해를 떠난 콜럼버스는 원주민들이 갖고 노는 공이 유럽인들의 공보다 훨씬 탄력이 좋다는 것을 알았어요. 원주민들의 공은 파라고무나무의 유액으로 만들었는데, 실을 감아 만든 유럽 공보다 훨씬 가볍고 높이 튀어 오르는 탄성을 갖고 있었거든요. 이 나무에서 나온 유액은 우리가 잘 알고 있는 '라텍스'라는 이름으로 불리고 있어요.

콜럼버스는 이 획기적인 고무를 유럽으로 가져갔지만, 오랜 세월 유럽인들은 고무를 제대로 사용하지 못하고 방치해 두었어요. 참 아쉬운 일이죠?

여러 용도로 사용되는 고무

18세기까지 별다른 사용은 못 했지만 몇몇 사람들은 고무에 대한 관심을 놓지 않았어요. 1770년에 영국의 화학자 조지프 프리스틀리는 고무가 종이에 쓴 연필 자국을 지울 수 있다는 사

실을 알아내 지우개를 만들었어요. 또 1783년 프랑스의 과학자 자크 샤를은 수소로 작동하는 열기구를 제작하면서 가스가 새지 않도록 고무로 칠한 천을 사용했지요. 1803년에는 세계 최초의 고무 공장이 파리에 세워지기도 했어요.

고무는 의료 기구에 사용되는 고무관, 옷을 졸라맬 때 쓰는 고무줄, 방수 기능을 가진 고무 구두 등으로 용도를 확대해 나갔어요. 1823년에는 영국의 화학자 찰스 매킨토시가 인도산 천연고무로 비옷을 만들었지요. 이 모든 것이 고무나무에서 추출한 천연고무를 이용한 것이에요.

고양이의 말썽이 가져온 가황 고무의 발명

1839년 미국의 발명가 찰스 굿이어가 고무 덩어리를 실험실 책상 위에 둔 사이, 고양이 한 마리가 들어왔어요. 고양이가 책장 위에 있던 캔 하나를 쏟았는데, 마침 고무 덩어리 위에 떨어져 고무는 흰 가루 범벅이 되고 말았어요.

화가 난 굿이어는 고무 덩어리를 집어던졌는데 마침 그것이 난로 위에 떨어졌어요. 그런데 놀라운 일이 생겼어요. 끈적임이 심해 골치였던 고무가 난로의 열에 의해 탄력이 생기고 광택까지 났기 때문이에요.

굿이어는 그 하얀 가루가 분말 유황이라는 것을 확인했어요. 그전에도 분말 유황과 고무의 조합을 시도한 적은 있지만 열을 가한다는 것은 상상해 본 적도 없었지요. 굿이어는 고양이에게 힌트를 얻어 천연 고무, 유황, 가열을 조합하여 가황 고무를 만들었답니다. 이 고무로 타이어를 만들게 되면서 본격적인 자동차의 시대가 열렸어요.

절박함이 만들어 낸 합성 고무

자동차 산업이 폭발적으로 늘어나면서 천연고무의 생산량만으로는 턱없이 부족한 지경에 이르렀어요. 과학자들은 천연고무와 흡사한 합성 고무를 개발하는 데 열을 올렸지요.

그 와중에 천연고무를 생산하는 열대 식민지를 갖지 못한 독일은 고무를 얻는 데 어려움이 생겼어요. 목마른 사람이 우물을 파는 법! 마

| 타이어를 가지고 노는 아이들

침내 독일은 메틸 고무라는 합성 고무를 개발해 냈어요. 하지만 산소와 접촉하면 내구성이 약화되는 문제가 자꾸 생기며 생산이 중단되었어요.

끊임없는 연구 끝에 결국 천연고무와 비슷한 성질의 SBR(스타이렌뷰타다이엔 고무) 고무를 개발했고, 그 후 에틸렌-프로필렌 고무, 실리콘 고무 등이 차례로 개발되었답니다. 현대로 올수록 천연고무보다는 합성 고무의 사용이 크게 늘어났어요.

우리가 잘 아는 실리콘은 합성 고무의 대표적인 예라 할 수 있지요. 현대에 와서 천연고무가 사용되는 물건은 보통 이름에 '라텍스'를 붙이고 있어요.

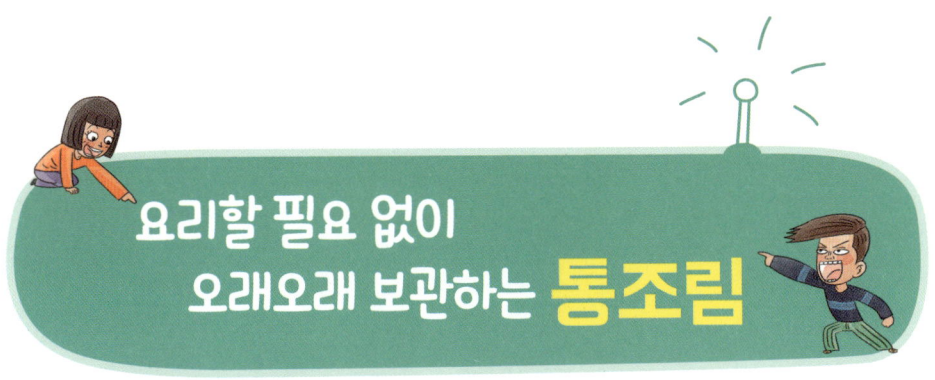

요리할 필요 없이 오래오래 보관하는 통조림

나폴레옹의 명령으로 탄생했다고?

전쟁이 일어나면 사람들은 무엇을 가장 먼저 할까요? 바로 비상식량을 비축해 두는 것이에요. 실제로 전쟁이나 비상사태가 일어나면 마트에서 먹을 것이 가장 먼저 떨어지잖아요.

프랑스의 황제 나폴레옹은 전쟁 영웅으로 유명하지요. 그래서 그 시기에는 전쟁이 잦았어요. 전쟁터에서는 끼니를 어떻게 해결하는지 궁금하지 않나요? 먹을 것을 가지고 다니기도 힘들고, 요리해서 먹기란 더욱 어렵잖아요.

이 먹는 문제를 해결하기 위해 나폴레옹은 거액의 상금을 걸고 전 국민을 대상으로 좋은 방법을 공모했어요. 전쟁이나 훈련 중에 군인이 먹기 간편한 전투 식량을 만들기 위해 영양, 맛, 휴대성을 만족하면서

❙ 통조림 광고 그림

도 몸에 나쁜 방부제는 넣지 않는 음식을 찾았지요. 그렇게 해서 발명한 것이 프랑스인 니콜라 아르페의 병조림이었어요. 병 속에 음식을 넣고 끓인 뒤 코르크 마개를 덮어 밀봉한 방식이었어요. 열을 가하면 음식물 속에 있는 균이 죽고, 밀봉하면 세균이 들어가지 못하기 때문에 음식이 썩지 않아 오래 보관할 수 있었답니다.

통조림은 병조림이 발명된 후 유리여서 깨지기 쉽고 무거운 단점을 보완하기 위해 탄생했어요.

통조림 특허를 낸 것은 영국

전쟁에서 비상식량으로 이용하기 위해 만들어진 병조림에는 치명적인 단점이 있었어요. 유리로 만들어진 병은 깨지기 쉽고 무거워서 전쟁터에 들고 다니기에는 어려움이 있었죠. 그런 단점을 보완하기 위해 당시 프랑스의 적국이었던 영국에서는 양철로 만든 통조림을 발명했어요. 계속되는 발명을 통해 운반과 보관이 쉽고, 병보다 값도 싸고, 보존 기간도 더 긴 통조림이 마침내 세상에 나왔지요.

초기의 통조림은 통이 무겁고 튼튼했지만 뚜껑을 따는 따개가 없었어요. 칼이나 망치, 못, 삽 등의 도구를 이용해 뚜껑을 힘들게 따서 먹어야 했어요.

그러다 50년이 지난 뒤, 남북 전쟁 직후에 미국에서 통조림 따개를 발명해 냈어요. 전투 식량인 통조림을 먹어야 하는데 따개가 없으면 너무 불편하니까 만든 거예요. 역시 목마른 사람이 우물을 파는 것이 맞는 것 같아요.

통조림의 보관 기간, 얼마나 될까?

통조림으로 포장된 대부분의 식품은 가열한 후 용기에서 산소를 제거하여 진공된 상태로 포장해요. 그 과정에서 산소와 함께 자랄 수 있는 박테리아들이 제거되지요. 그렇기 때문에 밀봉된 채 보관만 잘 되어 있다면 유통기한이 오래 지나더라도 안전하게 먹을 수 있지요.

▎진열장에 있는 여러 가지 통조림

　실제로 어떤 난파선에서는 100년 이상 된 통조림이 발견되었는데 내용물 안에서 미생물의 성장이 발견되지 않았다고 해요. 물론 통조림에도 유통기한이 표시되기는 하지만 이것은 식품의 안전에 대한 기한이라기보다 제조업체에서 식품의 품질, 신선도, 영양가가 손실될 것으로 추정되는 날짜를 표시한 거라고 할 수 있어요.
　통조림은 오래도록 식품을 보관할 수 있지만 일단 한번 개봉한 통조림은 3일 이내에 먹는 것이 좋아요.

통조림, 어떤 것까지 넣어 봤니?

통조림 따개가 발명된 후, 통조림의 인기는 치솟았고 내용물도 다양해졌어요. 따개가 생기기 전에는 온갖 도구를 사용해서 열다 보니 내용물이 엎질러지는 일이 많아서 액체를 담는 것은 상상도 할 수 없었어요. 하지만 깡통 따개가 발전하면서 음료도 넣을 수 있게 되었어요.

통조림의 종류는 더욱더 다양해져 우리가 흔히 아는 참치나 햄뿐 아니라 과일, 견과류, 빵이나 밑반찬까지 못 넣을 게 없을 정도랍니다.

캔음료 역시 통조림의 일종이라 볼 수 있지요. 우리나라의 번데기 통조림을 보고 외국에서 놀라듯, 해외의 통조림 중에도 특이한 것들이 많아요. 거미나 악어, 개구리 통조림, 개미알 통조림 등등 생각지도 못한 내용물들이 통조림으로 나오고 있답니다.

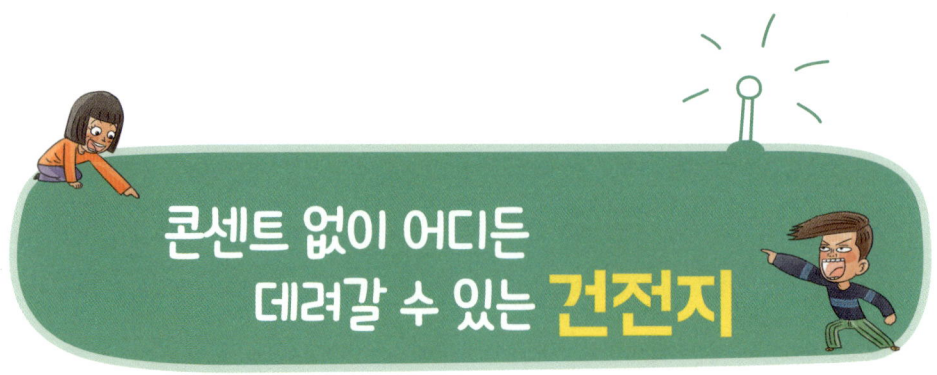

콘센트 없이 어디든 데려갈 수 있는 건전지

건전지는 젖지 않은 '마른 전지'라는 뜻

휴대 전화, 리모컨, 카메라, 장난감까지 전기가 필요한 제품들은 정말 많아요. 만약 건전지가 없었다면? 우리는 늘 콘센트 옆에 붙어 있어야 하고 더욱 긴 전선을 찾아야만 할 거예요. 전기 용품을 어디든 들고 다닐 수 있도록 우리에게 자유를 준 것이 바로 건전지예요.

우리가 사용하는 전지는 1800년경 이탈리아의 교수인 알렉산드로 볼타가 처음 만들었어요. 은판과 아연판 사이에 소금물이나 알칼리 용액으로 적신 천 조각을 끼운 것을 여러 쌍 겹쳐 쌓은 형태였지요. 이때 가장 위에 있는 은판과 밑바닥의 아연판을 전선으로 연결하면 전류가 흘렀어요.

그러다 1868년 프랑스의 과학자 조르주 르클랑셰가 망가니즈 산화

| 건전지

물과 아연을 양극과 음극으로 사용하여 망가니즈 전지를 만들었어요. 처음에는 전해질을 용액 그대로 사용했기 때문에 습전지(Wet Cell)라고 했지만 나중에는 전해질을 굳혀서 마른 전지(Dry Cell)라고 불렀어요. '건전지'는 여기에서 유래한 말이지요.

건전지의 원리

전지는 내부에 들어 있는 물질의 화학 에너지를 전기 에너지로 바꿔 주는 장치예요. 서로 다른 금속 두 가지와 전해질을 연결하면 전류가 흐르는 원리를 이용하지요. 여기서 전해질이란 물과 같은 용액에 녹아 이온을 내는 물질을 뜻해요. 전자를 잘 내놓는 아연이나 납과 같은 금속에서 전해질로 전자가 나오면, 전자를 잘 받아들이는 산화물이나 황화물 쪽으로 전자가 이동한답니다.

'전지'는 '번개 전(電)'에 '연못 지(池)'로 이루어진 한자어인데 '번개 전(電)'은 전기나 전류를 뜻하기도 하니까 '전기를 저장하는 연못'이라고 생각할 수 있겠지요?

건전지와 충전지, 뭐가 다를까?

건전지는 전자를 한 방향으로 흐르게 만들어요. 전자가 한 방향으로 흐르면 전기 에너지가 발생해 전자 제품이 작동해요. 건전지의 양극에는 망가니즈가, 음극에는 아연이 자리 잡고 있어요.

음극에 있는 아연은 화학 반응을 통해 자신의 전자를 내놓으며 아연 이온으로 변하고, 이 전자는 양극으로 이동해요. 이렇게 전자가 흐르면서 전기가 만들어지지요. 건전지 안에서 아연이 자신의 전자를 내놓고 모두 아연 이온으로 변하면 화학 반응이 끝나요. 이것은 '건전지가 다 닳은' 상태를 말하는데, 더 이상 전기를 만들 수 없어요.

충전지는 2차 건전지라고도 부르는데 여러 번 사용 가능한 전지예요. 건전지가 음극에서 전자가 빠져나가면 되돌아오지 않는 것과는 달리, 충전지에서는 전자를 강제로 음극으로 밀어 넣어 다시 전기를 만들어 낼 수 있지요. 우리가 주변에서 흔히 볼 수 있는 충전지는 두 종류가 있는데 '니켈 수소합금 전지'와 '리튬이온 전지'예요. 스마트폰을 비롯한 휴대용 전자 기기에는 대부분 리튬이온 전지가 들어 있어요.

다 썼다고 아무 데나 버리면 안 돼!

건전지를 다 썼다고 혹시 그냥 쓰레기통에 버리는 건 아니겠죠? 전지 속에 들어 있는 여러 가지 물질들은 쓰레기 매립지 주변 토양을 오염시켜요. 또 이 물질들이 지하수로 흘러 들어가면 주변 동물들이 병에 걸릴 수 있어요. 게다가 이것들은 쉽게 분해되지 않아 다양한 경로를 통해 얼마든지 인간에게 다시 돌아올 수 있어요.

따라서 다 쓴 전지는 반드시 주변에 있는 폐건전지 수거함에 넣어서 버려야 한다는 것, 잊지 마세요.

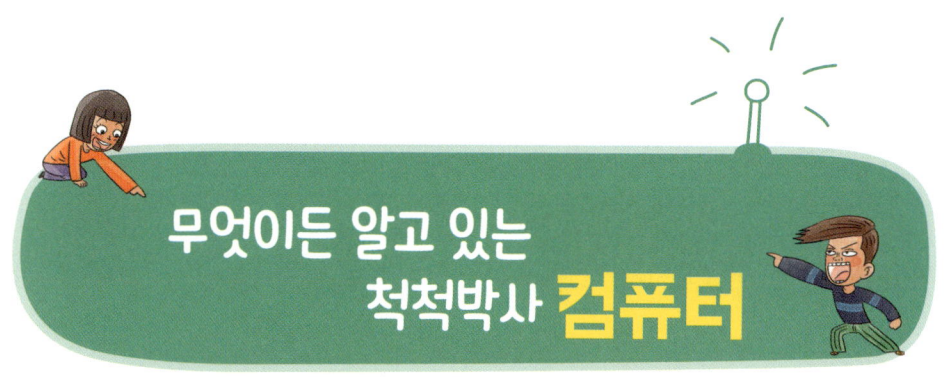

무엇이든 알고 있는 척척박사 컴퓨터

더 정확하게 계산하기 위해 만든 기계

이름을 살펴보면 그 말의 근본을 알 수 있을 때가 많아요. '컴퓨터'라는 이름은 '계산하다'라는 뜻을 가진 라틴어 '콤푸타레(computare)'에서 비롯되었지요. 그러니까 뭐든지 다 아는 척척박사 컴퓨터는 원래 계산을 위해 만들어진 기계에서 출발했답니다.

1942년에 미국의 존 아타나소프와 클리퍼드 베리는 ABC라는 최초의 전자식 컴퓨터를 만들었어요. 에디슨이 발명한 백열전구 덕분에 진공관이 개발되었고, 진공관을 이용하여 만든 최초의 컴퓨터인 ABC가 탄생했어요.

ABC는 300여 개의 진공관으로 이루어진 논리 회로와 입력 장치인 천공 카드 판독기, 이진수를 저장하기 위한 자기드럼 메모리로 구성

되어 있었어요. 기계식 스위치 대신 진공관의 전자 스위치를 사용했기 때문에 연산 속도가 훨씬 빨라졌지요. 물론 완전한 전자식 컴퓨터는 아니었고, 프로그래밍이 가능한 컴퓨터는 아니었어요.

컴퓨터의 무게가 30톤?

'최초의 컴퓨터'라는 이름을 얻기 위해 ABC 컴퓨터와 법적 싸움까지 벌이다 진 것은 우리에게 더 잘 알려진 '에니악'이라는 컴퓨터예요.

에니악은 미국의 존 에커트와 존 모클리가 만든 컴퓨터예요. 1초당 5,000번 이상의 계산을 하는 등, 이전까지 사용하던 컴퓨터보다 1,000배 이상 높은 성능을 발휘했지요. 1만 7천 개 이상의 진공관과 7만 개 이상의 저항기로 구성된 에니악의 총 무게는 30톤에 이를 정도로 거대했어요. 고장이 잦은 탓에 매주 2~3번씩 진공관을 교체해야 했으며 전력 소모도 150킬로와트에 달했지요.

하지만 미국 국방부에서는 에니악의 높은 성능에 주목했고, 탄도 계산, 날씨 예측, 원자폭탄 개발 등 다양한 용도로 활용했답니다.

개인용 컴퓨터의 보급

1950년대부터 컴퓨터를 일반 사람들도 사용하기 시작했어요. 그전에는 주로 연구용이나 군사적인 용도로 쓰였던 컴퓨터가 이제 개인에게도 다가온 것이지요. 하지만 너무 비싼 데다가 워낙 덩치가 큰 탓에

▎초창기 보급된 개인용 컴퓨터

가정에서보다는 정부나 기업에서만 쓰였어요.

그러다 1977년, 미국의 애플사에서 '애플 II'라는 소형 컴퓨터를 출시하면서 드디어 본격적으로 개인용 컴퓨터가 보급되었지요. 애플 II는 크기가 작고 사용법도 간편했으며, 가격도 기존의 컴퓨터보다 훨씬 저렴하여 큰 인기를 얻었어요.

그 후, 1981년에 미국 IBM사에서 'IBM 퍼스널 컴퓨터 5150'을 출시하면서 현재 일반적으로 가장 많이 사용하는 PC(개인용 컴퓨터)의 규격이 정착되었어요.

컴퓨터가 사람이 된다!

인공 지능이란 사람의 학습하는 능력, 생각하는 능력, 말하는 능력 등을 컴퓨터 프로그램으로 실현한 기술을 말해요. 인공 지능을 통해 컴퓨터나 로봇이 인간처럼 지능적인 행동을 한다는 것이지요.

컴퓨터는 끊임없이 발전해 오면서 이제 인간의 지능을 넘어서려는 데까지 도달했어요. 심지어 챗GPT 같은 인공 지능 챗봇은 문제 상황을 스스로 인식해서 해결책을 제시하고, 자신의 의견까지 표현하는 수준에 이르렀어요.

더욱 빠른 속도로 발전하고 있는 인공 지능 컴퓨터가 사람들이 할 수 없었던 일이나 하기 힘들었던 일을 대신하면서 인간의 삶을 풍요롭게 만들었지만, 어느 정도 수준까지 인공 지능의 발전과 사용을 허용할 것인지에 대한 논의가 꼭 필요한 시점이랍니다.

원하는 건 뭐든 만드는 플라스틱

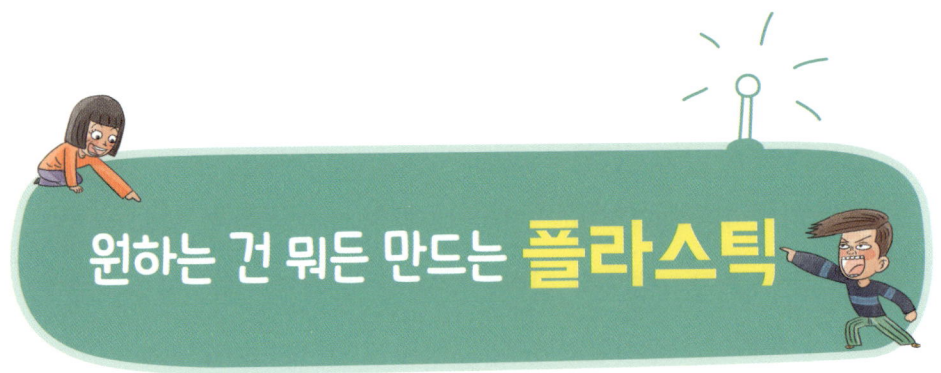

최초의 플라스틱은 당구공을 만들려고 발명되었다?

　최초로 상용화된 플라스틱을 만든 사람은 미국의 인쇄업자였던 존 하이아트예요. 과거의 미국 상류사회에서는 당구가 유행했는데, 당시 당구공은 코끼리 상아로 만들었어요. 그런데 코끼리의 수가 크게 줄면서 당구공 가격이 폭등하기 시작했지요. 그러자 사람들은 코끼리 상아의 대용품을 찾기 위해서 상금까지 걸었어요.

　이때 인쇄업자였던 존 하이아트가 여러 가지 실험 끝에 최초의 플라스틱 당구공을 만들었어요. 하이아트는 자신이 만든 물질에 '셀룰로이드'라는

이름을 붙였고 동생과 함께 회사를 만들었어요.

열이나 힘을 가하면 원하는 모양으로 변신!

플라스틱은 '무엇이든 만들 수 있다'라는 의미의 그리스어에서 따온 말이랍니다. 열이나 압력(힘)을 주어서 일정한 모양으로 만들 수 있는 비금속 물질이지요. 자연에 의존하지 않고 원하는 물건을 마음대로 만들어 쓸 수 있는 데다가 가격까지 저렴해서 활용 분야가 정말 다양하답니다.

플라스틱이 너무 약하지 않을까 하는 걱정은 하지 마세요. 종류에 따라서는 금속 이상의 강도를 가지기도 하니까요. 대부분의 플라스틱은 전기를 잘 전달하지 않고 열을 차단하는 성질을 가지고 있어요.

빛을 잘 통과시켜 유리와 똑같은 용도로 이용할 수 있기도 해요. 착

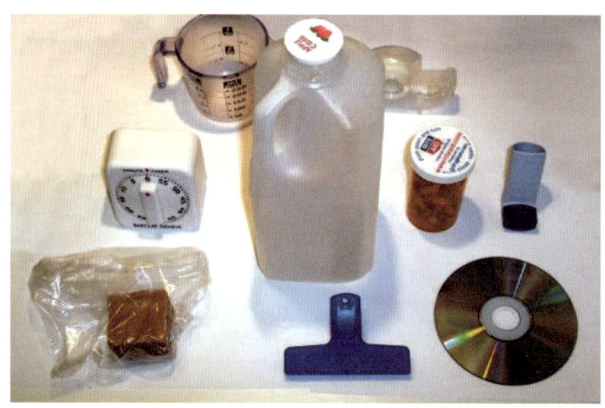
❙ 다양한 플라스틱 제품들

색이 자유로워 아름다운 제품을 만들 수도 있지요. 정말 이름 그대로 '플라스틱'이지요!

안전한 플라스틱 고르기

환경 호르몬이라는 말을 들어 본 적 있나요? 환경 호르몬이란 우리 몸에서 정상적으로 만들어지는 호르몬이 아니라 산업 활동으로 인해 만들어지는 호르몬이에요. 우리 몸에 흡수되면 정상적인 호르몬 작용을 방해하고 건강을 해친답니다. 세제, 화장품, 향수, 살충제, 컴퓨터 부품 등 다양한 제품에서 환경 호르몬이 검출되고 있는데, 특히 플라스틱은 환경 호르몬이 나오는 대표적 재료로 알려져 있어요.

그런데 정말 플라스틱은 환경 호르몬이 나오는 나쁜 물질이기만 할까요? 플라스틱은 종류가 굉장히 다양한데, 그중 폴리염화비닐(PVC)은 국제 환경 단체 그린피스가 '환경 호르몬 위험 물질' 리스트에서 제일 먼저 언급한 물질이에요.

사실 PVC 자체는 인체에 해롭지 않아요. 순수한 PVC는 매우 단단한 물질이라 용도에 따라 부드럽게 만들기 위해 PVC에 가소제를 섞기도 해요. 가소제는 PVC 분자 사이로 들어가 분자의 결합을 유연하게 바꿔 주는 물질인데, 바로 이 가소제에 환경 호르몬이 섞여 있어요.

PVC에 섞인 가소제는 서서히 배출되는데 온도가 높아지면 배출되는 속도가 빨라져요. 그래서 가소제가 섞인 플라스틱은 특별히 사용에

주의해야만 해요. 음식을 담거나 의료 기구, 어린이가 사용하는 물품에는 가소제가 섞인 플라스틱이 들어 있으면 절대 안 돼요.

물론 부드러운 플라스틱 중에도 가소제가 섞이지 않은 안전한 것이 있어요. 폴리에틸렌(PE)이나 폴리프로필렌(PP), 폴리에틸렌 테레프탈레이트(PET)는 원래부터 부드러운 성질을 갖고 있어요. 당연히 가소제를 섞을 필요가 없어 몸에 해롭지 않으니 부드러운 재질의 플라스틱이 필요하다면 PE, PP, PET 중에서 고르는 것이 좋아요.

PE	PP	PET
• 상대적으로 무겁다. • 내구성이 강하다. • 재활용이 가능하다.	• 가볍고 내구성이 강하다. • 열에 강하다. • 재활용이 가능하다.	• 투명하고 가볍다. • 내구성이 좋다. • 재활용이 가능하다.
우유병, 세제 용기, 장난감 등	식품 용기, 빨대, 자동차 부품 등	음료수 병, 식품 용기 등

미세 플라스틱의 습격

코끼리 상아를 대체하기 위한 재료로 발명된 플라스틱은 지금까지 우리의 곁을 지키고 있어요. 값이 싸고 편리해서 안 쓰이는 곳이 없어요. 플라스틱이 없는 삶은 상상하기도 힘들 정도예요.

하지만 플라스틱은 계속 만들어지는데 잘 썩지도 않기 때문에 지구에는 플라스틱이 쌓여 가고만 있어요. 1997년 미국 캘리포니아와 하와

이섬 사이의 태평양 한가운데에서 거대한 쓰레기 섬이 발견되었어요. 온갖 쓰레기들이 해류에 밀려와 쌓이기 시작한 쓰레기 섬은 크기가 점점 커져서 현재는 한반도 면적의 7배 크기로 커졌다고 해요. 전체 쓰레기 양은 8만 톤이 넘고 이 중 80퍼센트 이상이 플라스틱으로 추정되고 있어요.

더 큰 문제는 버려진 플라스틱이 닳으면서 5밀리미터도 안 되는 미세 플라스틱이 생기는데 이것을 해양 생물들이 먹이로 착각해서 먹는다고 해요. 미세 플라스틱은 생태계를 위협하고 인간의 건강에도 악영향을 미친답니다. 싸고 편하다고 해서 마구 사용하기보다 이제는 사용을 줄이고 오염을 막는 노력을 해야 할 때예요.

물만 내리면 끝! 수세식 변기

오물과의 전쟁에서 해방되다

엄마의 뾰족한 하이힐이 똥 때문에 생겼다는 사실, 알고 있나요? 수세식 변기가 없었던 과거에는 길가 여기저기에 오물을 버렸어요. 그러다 보니 길가에는 온통 똥덩어리가 있었고, 그것을 밟지 않기 위해 뾰족한 하이힐이 생길 정도였대요. 냄새는 또 오죽했을까요?

그래서 사람들은 옛날부터 어떻게 해야 배설물을 깨끗하게 처리할 수 있을까 고민했어요. 고고학자들은 기원전 2500년경부터 인더스 계곡에 살던 사람들의 집집마다 좌식 변기가 있었을 것이라고 추측해요. 마른 진흙 벽돌로 만든 하수 배관을 통해 오물을 흘려보낸 흔적이 남아 있기 때문이지요.

고대 이집트에서도 흐르는 물을 이용해서 배설물을 버렸고, 고대

로마인들도 1세기 때부터 수세식의 공중화장실을 설치하여 사용했다고 하네요.

하지만 지금의 수세식 변기는 1596년에 영국의 존 해링턴이 처음 생각해 냈어요. 윗부분에 물통이 있고, 물을 흘러가게 하는 손잡이와 배설물을 분뇨통으로 흘러가게 하는 밸브도 있었지요. 하지만 냄새는 막지 못했어요.

1775년에 영국의 시계 제조자이자 수학자인 알렉산더 커밍이 만든 U자 모양 배수 파이프가 이 문제를 해결했어요. 커밍은 배수 파이프를 U자 모양으로 구부러지게 해서 물을 고이게 함으로써 밑으로부터 올라오는 냄새를 차단하는 변기를 만들었어요. 지금까지도 모든 수세식 변기에 사용되는 부분이랍니다.

수세식 변기의 원리

변기에는 U자나 P자 모양의 배수관이 있어요. 이것은 세면대와 싱크대에도 마찬가지로 들어가 있어요. 이 구부러진 배수관을 사이펀관이라고 하는데, 하수구 냄새가 역류하고 벌레가 올라오는 것을 막아 준답니다. 그런데 물은 어떻게 구부러진 관을 따라 올라갔다가 밖으로 나가는 걸까요? 물은 원래 위에서 아래로 흐르는 거잖아요.

수세식 변기는 사이펀관의 원리에 의해 작동되어요. 사이펀관은 압력 차이를 이용해 물을 위쪽으로 끌어올려 밖으로 나가게 해요. 사이

편관의 입구가 물 표면보다 아래에 있으면 수면에 작용하는 대기압으로 물이 관을 따라 올라가 굽은 곳을 돌아서 다른 쪽 끝으로 떨어지게 되지요. 물이 사이펀관을 돌아 다른 쪽으로 떨어지기 시작하면 공기의 압력 때문에 남아 있는 물이 관을 따라 계속 흘러 빠져나가요.

또한 변기의 물을 내리면 저절로 물이 차오르는 것은 지렛대의 원리를 이용한 것이에요. 물 내리는 밸브를 아래로 누르면 지렛대의 원리에 의해 물탱크 바닥에 있던 구멍의 마개가 위로 들어 올려져요. 물탱크의 물은 수압과 중력에 의해 변기로 내려오지요.

물이 빠져나가면 물탱크의 수압이 낮아지면서 수압이 높은 급수관의 물이 물탱크로 들어와서 다시 차게 돼요. 물탱크의 수압과 급수관의 수압이 같아질 때까지 물이 들어오는 것이지요. 그래서 물탱크는 급수관보다 항상 위쪽에 있답니다.

수세식 화장실이 남긴 숙제

물 한 번만 내리면 금세 깨끗해지는 수세식 변기! 하지만 문제점도 만만치는 않아요. 일단 너무 많은 물이 낭비된다는 것과 오물을 씻어 내린 물이 빠져나가도록 하수 시설을 만들고 처리하는 비용도 매우 많이 든다는 것이죠.

수세식 화장실에서 한 번 물을 내릴 때 사용되는 물의 양은 얼마나 될까요? 대략 13리터에서 15리터 정도라고 해요. 물을 절약하는 절수형 변기라고 해도 6리터 이상이지요. 한 사람이 하루에 다섯 번만 화장실에 간다 하더라도 오물을 씻어 내는 데 70리터에 가까운 물을 쓰는 셈이에요.

물을 낭비하지 않기 위해 변기의 수조에 벽돌이나 물을 담은 페트병을 넣어 두어 물을 절약하는 사람도 있고 절수형 스위치를 설치하여 사용하는 사람도 있어요.

사실 오물을 물에 흘려보내면 결국 그 물이 다시 돌고 돌기 때문에 수질 오염의 원인이 된다고 할 수 있어요. 그래서 그 대안을 찾기 위한 여러 방법이 나오고 있답니다. 미생물을 이용해 똥과 오줌을 발효시켜 비료로 만드는 자연 발효 화장실이나 오물을 압착해서 말린 후 살균하는 방식, 변기에서 배설물을 즉시 냉동시키는 방식, 전기 연소 장치로 오물을 태우는 방식 등 다양한 방식이 연구되고 있어요.

왜 화장실이라고 부를까?

왜 우리는 볼일을 보는 장소를 화장실이라고 부르는 것일까요? 화장실에서 화장을 하는 것도 아닌데 말이죠. 그 이유는 사실 가발과 관계가 있어요. 서양에서 가발은 옛날부터 권력을 상징했지요. 요즘은 머리가 작은 사람이 인기지만 옛날 서양에서는 머리가 크고 머리카락이 풍성할수록 인기였거든요. 그래서 가발로 머리를 크게 부풀렸어요.

그러다 18세기로 오면서 가발에 가루를 뿌리는 것이 유행했어요.

당시 상류층 가정의 침실에는 '파우더 클로셋(Powder Closet)'이라는 방이 있었는데, 이곳에서 주로 그 작업을 했지요. 파우더 클로셋에서 가발에 가루를 뿌린 뒤에는 손에 묻은 가루를 바로 씻어 내야 했어요. 그러다 보니 내부에 물을 비치하기 시작했어요. 이때부터 '화장하는 방'의 의미로 '화장실'이라는 용어가 사용되었다고 해요.

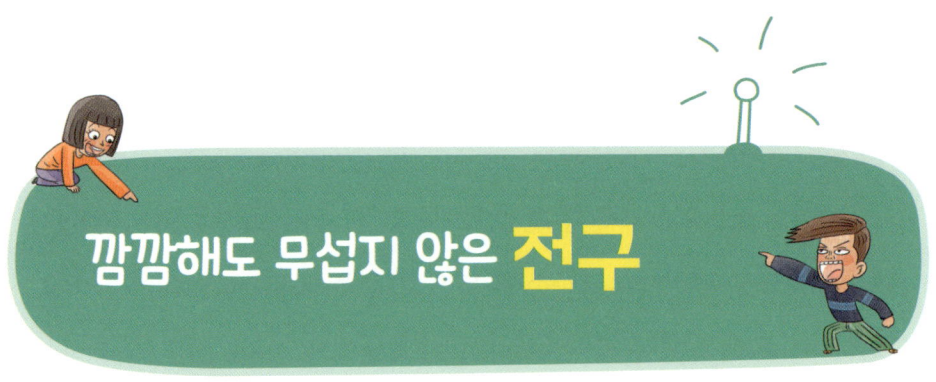

깜깜해도 무섭지 않은 전구

밤에도 활동할 수 있는 자유를 준 전구

옛날에는 어두워지면 아무것도 할 수 없었어요. 보이지 않으니 일찍 잠을 자는 수밖에 없었지요. 하지만 산업 혁명이 일어나며 대규모 생산이 시작되자 시간이 곧 돈이 되는 세상이 되었어요. 밤에도 쉬지 않고 일을 하려면 밝은 조명이 필요했지요. 그전까지는 가스등을 사용했는데 가스등의 불빛은 작업을 할 때 충분히 밝지 않아 사고의 위험까지 있었어요.

과학자들은 가스 대신 전기를 이용하여 빛을 만들어 내는 방법을 연구했어요. 영국의 물리학자 조지프 스완은 탄소 필라멘트를 사용한 진공 유리 전구를 발명하여 불을 밝히는 데 성공했어요.

곧이어 토머스 에디슨이 백열전구를 비롯한 발전기와 소켓, 퓨즈 등

전구를 편리하게 사용할 수 있는 설비를 발명했지요. 에디슨 덕분에 전구는 전 세계로 널리 보급되었어요.

만지면 앗! 뜨거운 백열전구

백열전구는 유리구 속에 탄소선이나 텅스텐으로 만든 가느다란 필라멘트를 넣은 뒤, 여기에 전류를 흐르게 하여 빛을 내요. 필라멘트가 뜨거워지면서 빛을 내는 원리인데, 이 필라멘트가 금방 타 버리는 게 문제였어요. 높은 온도에서도 녹지 않는 재료로 필라멘트를 만들어야 오래 사용할 수 있기 때문에 금속 중에서도 녹는점이 가장 높은 텅스텐을 필라멘트의 재료로 사용했어요.

그런데 텅스텐은 공기 중에 놔두면 산소와 반응을 일으켜 성질이 변하는 특성이 있어요. 그래서 유리구로 감싼 다음 안을 진공으로 만들고, 아르곤이나 질소 가스처럼 반응을 하지 않는 기체를 넣어 주었어요. 그렇게 하면 텅스텐 필라멘트는 높은 온도에서도 빛을 오랫동안 낼 수 있으니까요.

백열전구는 사용 전력의 5퍼센트 정도만 빛을 내는 데에 쓰고 나머지 95퍼센트는 열로 나오기 때문에 효율성에서는 다소 떨어져요. 대신 가격이 매우 저렴하지요.

| 백열전구

▎백열전구를 발명한 에디슨

깜빡깜빡 형광등

눈에 보이지 않는 아주 작은 전자들의 힘으로 빛을 내는 형광등은 백열등에 비하여 효율이 좋고, 소비 전력은 3분의 1 정도밖에 되지 않아요. 또 빛이 부드럽고, 수명도 백열전구에 비해 5~6배나 길지요. 진공으로 된 유리관 안에는 적은 양의 수은 증기와 아르곤 가스가 들어 있답니다. 전원을 켜면 필라멘트에서 열전자가 튀어나와 유리관 내의 수은과 충돌해 자외선이 많이 포함된 빛을 발생시켜요.

눈에 보이지 않는 자외선은 유리관 벽에 칠해진 형광 물질을 통과하면서 눈으로 볼 수 있는 가시광선으로 바뀌게 되지요. 그러면 우리 눈에 빛이 보이는 거예요.

형광등은 점등관에서 바이메탈이 달궈져 형광 방전관의 회로가 연결될 때까지 시간이 걸려요. 그래서 전원을 켠 뒤 2~3초가 지나야 불이 켜지지요. 말뜻을 알아듣는데 시간이 조금 걸리는 사람에게 '형광등이야?'라고 놀리는 것도 이런 점 때문이랍니다.

전기세를 아끼는 LED 전구

LED 전구는 반도체의 빛나는 성질을 이용한 발광다이오드(LED)를 사용하여 만든 조명 기구예요. 푸른색 LED 칩에서 나오는 푸른색의 빛은 노란색, 초록색, 붉은색 형광체와 결합하여 흰색의 빛을 만들어 내지요.

백열등이나 형광등에 비해 에너지 효율이 높을 뿐 아니라 수명이 25~40배 이상 길고 오염 물질도 방출하지 않는 것이 장점이에요. LED 전구 생산 원가가 비싸다는 단점이 있지만 백열등에 비해 소비 전력이 약 10~15퍼센트에 불과해 더 효율적이에요.

LED 전구의 수명은 10년 정도로 길고 납이나 수은 같은 중금속을 사용하지 않아 환경을 파괴하지 않아요. 불을 켰을 때 벌레가 달려들지도 않는답니다. 최근에는 전력 소비가 높다는 이유로 백열전구와 형광등의 생산이 줄어드는 대신 LED 전구로 대부분 대체되고 있어요.

오랫동안 신선하게 냉장고

액체가 기체로 변하는 성질을 이용한다고?

얼음을 만들지 못한 과거에는 천연 얼음을 수확하여 음식물 등을 저장했어요. 그러다 보니 얼음은 신분이 높은 소수의 사람들만이 얻을 수 있는 사치품이었어요.

영국의 과학자 윌리엄 컬런은 땀이 마르면서 피부의 열을 빼앗듯이, 액체가 기체로 바뀌는 과정에서 주변의 열을 흡수한다는 점에 주목했어요. 이 원리를 이용하여 알코올의 일종인 에틸에테르로 물을 냉동시키는 일에 성공했어요. 얼음을 인공으로 만들게 된 것이지요.

그 후, 여러 사람의 다양한 연구 끝에 1851년 스코틀랜드 출신의 제임스 해리슨이 현대식 냉장고와 비슷한 압축식 냉장고의 길을 열었답니다. 인쇄공이었던 해리슨은 활자를 사용한 뒤에 남은 인쇄 잉크를

| 얼음을 수확하여 운반하는 모습

에테르라는 물질로 닦아 내야 했는데, 에테르가 증발할 때 손이 시원한 점에 의문을 품고 연구를 시작했어요. 결국 기체에 압력을 가하면 액체로 바뀐다는 사실을 알아낸 해리슨은 에테르를 이용한 공기 압축기가 있는 냉장고를 발명했지요.

냉장고에서는 왜 소리가 날까?

조용한 집에서 냉장고에 귀를 기울이면 냉장고에서 소리가 나요. 이 소음의 정체는 바로 냉장고 속 냉매가 압축되며 나는 소리랍니다. 냉장고는 액체가 기체로 변하는 과정에서 열을 빼앗는 원리를 이용했다고 말했지요? 이것은 액체가 기체가 되려면 열 에너지가 필요하기 때문이

에요. 마찬가지로 열을 빼앗는 역할을 하는 냉매는 냉장고 안팎의 관을 따라 움직이며 알코올처럼 냉장고 내부의 열을 빼앗아 차갑게 유지해 주지요. 이 원리를 이용해 식품이나 약품 등을 원하는 온도로 차갑게 보관할 수 있는 제품이 냉장고랍니다.

   냉장고에는 문 이외의 모든 부분에 냉매가 들어간 파이프가 깔려 있어요. 냉매는 이 파이프 속을 순환하면서 열을 받아 건네주는 일을 하지요. 이때 중요한 것은 냉매가 '액체 → 기체 → 액체'로 그 모습을 반복해서 바꾼다는 거예요. 냉매에 사용되는 물질은 원래 기체지만 압력을 가하면 액체가 되고 압력을 낮추면 기체로 변해요. 액체에서 기체로 바뀌면서 열을 빼앗아 내보내고, 다시 압축되어 액체로 변하는 과정을 반복해요. 이렇게 해서 냉장고는 일정한 온도를 유지한답니다.

건강까지 오래오래 보관하다

20세기 들어 냉장고가 본격적으로 대중화되면서 사람들은 신선한 식품을 먹을 수 있었고 더욱 건강한 생활을 누릴 수 있었어요. 그전에는 매일 시장을 보고 요리한 음식을 다 먹어야 했지만 냉장고의 등장으로 장을 매일 볼 필요도 없어졌고, 계절에 관계없는 다양한 먹거리를 공급받을 수 있었지요.

┃ 최초로 상업적으로 성공한 냉동선 더니든(Dunedin)

분명 냉장고는 질병의 발생률을 낮추는 데 큰 역할을 했어요. 집마다 냉장고를 들이면서 그동안 사람들을 괴롭히던 식중독과 설사병이 확 줄어들었거든요. 백신 같은 약 역시 효과적으로 생산하고 저장할 수 있게 됨으로써 아동의 사망률도 크게 줄어들었답니다.

환경 오염의 주범, 냉매!

냉장고 내부에서 순환을 통해 열을 흡수하고 온도를 낮추는 화학 물질인 냉매! 하지만 냉매가 냉장고 밖을 나가는 순간, 환경 오염의 주범이 되고 말아요. 냉장고, 에어컨 등의 냉매로 사용되는 프레온 가스는 공기 중으로 나온 뒤 분해가 되지 않아요. 결국 기류 등에 의해 성층권까지 올라간 프레온은 오존층을 파괴하게 되지요.

오존층은 해로운 자외선을 흡수하여 지구의 생명체를 보호하는 아주 중요한 역할을 하기 때문에 파괴가 된다면 지구에 심각한 문제를 가져올 수밖에 없어요. 프레온을 대신하기 위한 대체 물질을 개발해서 사용한 적도 있지만 이 물질들은 이산화탄소에 비해 수백 배에서 만 배에 이르는 수준의 온실 효과를 초래하는 온실 기체라는 사실이 밝혀졌어요. 그래서 과학자들은 환경 문제를 일으키지 않는 냉매를 개발하기 위해 아직도 끊임없이 노력하고 있어요.

빼놓을 수 없는 우리나라 발명품들

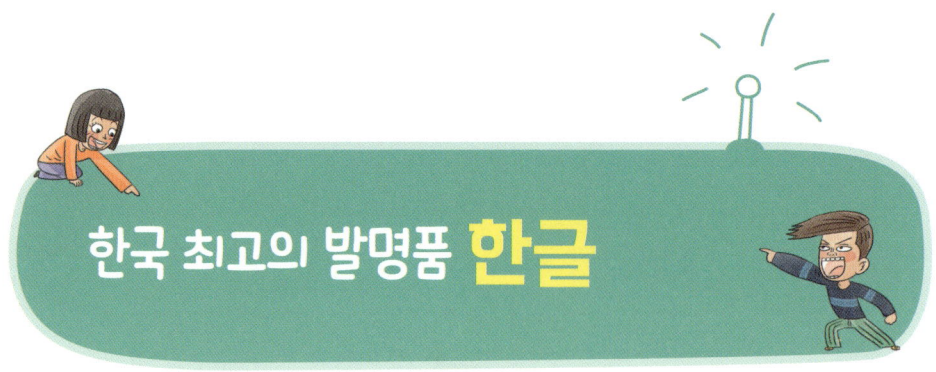

한국 최고의 발명품 한글

우리만의 쉬운 문자

우리나라 국민이 뽑은 한국 최고의 발명품 1위인 한글! 한글은 세종대왕이 백성들을 위해 집현전 학자들과 함께 연구하여 만든 우리만의 문자예요. 그전까지 우리나라 사람들은 말과 글이 서로 달랐어요. 그러니까 말은 지금처럼 우리말을 하는데, 글로 쓸 때에는 한자를 빌려 쓴 것이죠.

지금 우리가 문자 메시지를 보내고 학교에서 공부할 때 한자를 써야 한다고 생각하면 벌써부터 골치가 아프지 않나요? 한자는 글자 수도 많고 어렵다 보니 배우려면 오랜 시간이 걸렸어요. 그래서 형편이 어려운 일반 백성들은 글을 배우지 못했어요. 하루하루 일해서 먹고살기 바쁜데 언제 그 어려운 한자 공부까지 하겠어요?

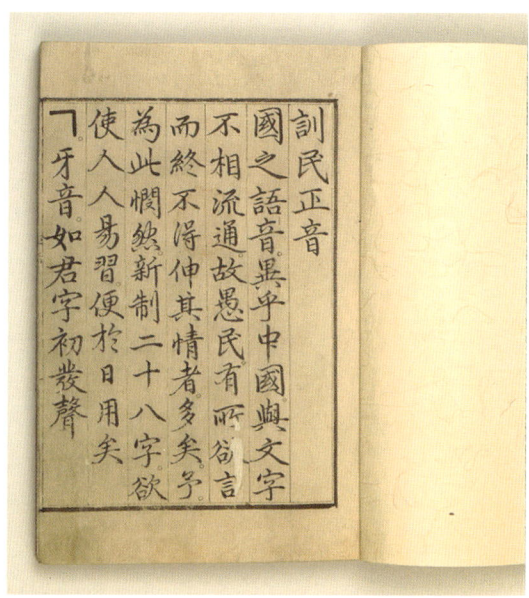 

┃ 국보인 《훈민정음 해례본》과 세종대왕 어진

그래서 많은 사람들이 글자를 모르는 답답한 삶을 살아야 했지요. 이것을 안타깝게 여긴 세종대왕이 집현전의 학자들과 밤낮없는 연구 끝에 1443년 '훈민정음'이라는 이름으로 한글을 만들었답니다. 훈민정음은 '백성을 가르치는 바른 소리'라는 뜻이에요.

세계에서 유일하게 만든 사람과 날짜를 알고 있는 문자

세계에는 여러 문자가 있어요. 하지만 그 문자를 만든 사람과 반포일을 알고 있는 문자는 세계에서 한글이 유일하답니다. 심지어 한글은 글자를 만든 원리까지 정확하게 알려져 있거든요.

《훈민정음 해례본》은 세종대왕이 직접 서문을 쓰고 정인지 같은 신하들에게 글자에 대한 설명을 적게 한 것이에요.

한글의 창제 원리를 설명하고 있는 이 《훈민정음 해례본》을 보면 한글이 얼마나 과학적인 원리로 만들어진 문자인지를 알 수 있어요. 국보로 지정된 《훈민정음 해례본》은 유네스코 세계기록유산으로도 등재되어 있어요.

'한글'이라는 이름은 1910년대에 주시경을 비롯한 한글 학자들이 쓰기 시작했는데, '큰 글'이라는 멋진 의미를 지니고 있어요.

한글이 과학적인 이유

여러분은 한글을 언제 떼었나요? 보통 초등학교 전에 기본적인 한글을 배우게 마련인데, 실제로 어떤 외국인이든 대학 정도의 학력을 가진 사람이면 한 시간 안에 자기 이름을 한글로 배워 쓸 수 있다고 해

요. 우리가 영어를 처음 배울 때를 생각해 본다면 이게 정말 가능한 일인가 싶어요.

한글의 자음에서 기본이 되는 것은 'ㄱ·ㄴ·ㅁ·ㅅ·ㅇ'인데, 자음은 이 다섯 글자를 기본으로 획을 하나 더하거나 글자를 포개는 것으로 다른 글자를 만들었어요. 'ㄱ·ㅋ·ㄲ'을 떠올리면 되지요. 그래서 앞 글자 다섯 개만 알면 다음 글자는 그냥 따라오게 되지요. 특별히 외울 필요도 없어요. 이 글자들은 발성 기관이나 그 소리가 나는 모습을 가지고 만들었기 때문이에요.

모음 역시 점(·) 하나와 작대기 두 개(ㅡ, ㅣ)로 표현할 수 있는 것이 한글이에요. 이렇게 간단한 모음 체계로 가장 많은 모음을 만들어 낼 수 있어요.

한글을 쓰는 나라가 또 있다?

대한민국 사람은 누구나 한글을 사용하지요. 하지만 세상에는 우리나라 말고도 한글의 우수성을 인정하여 공식적인 문자로 사용하는 곳이 있어요. 인도네시아 중부 술라웨시주 부톤섬 바우바우시에 살고 있는 찌아찌아족이 대표적이에요.

찌아찌아족에게는 예로부터 사용하던 고유 언어가 있었어요. 하지만 과거의 우리나라처럼 이 언어를 표기할 문자는 없었어요. 2005년 우리나라의 한 교수님이 국제 학술대회에 참석했다가 찌아찌아족이 사는 곳에 방문하여 한글 사용을 제안했어요.

한글의 우수성과 편리함을 알게 된 찌아찌아족은 부족장 회의를 거쳐 2009년 한글을 부족의 문자로 도입했지요.

한편 솔로몬제도의 과달카날주와 말라이타주에서도 한글을 표기 문자로 도입했어요. 유엔 글로벌콤팩트 한국협회와 서울대학교 인문정보 연구소의 주관으로 한글 교육 사업을 시행한 것이지요.

과달카날주 1만 6천여 명이 사용하는 카리어와 말라이타주 5만여 명이 사용하는 꽈라아에어의 한글 교과서를 제작하고 현지 중학교와 고등학교에서 한글 토착어 교육을 시작했다고 해요.

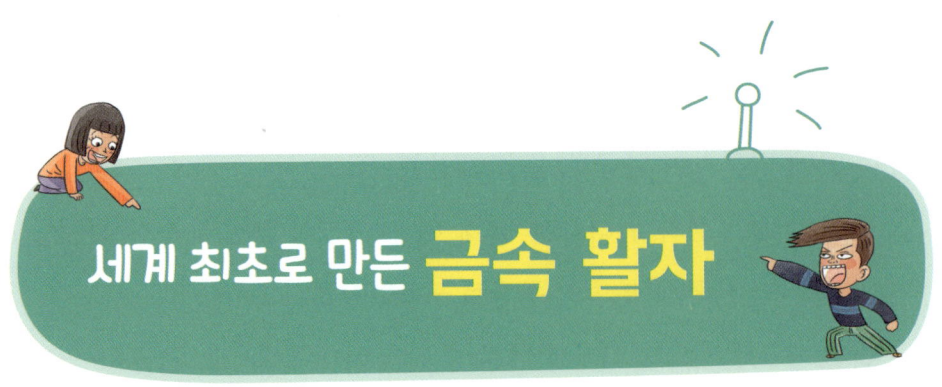

세계 최초로 만든 금속 활자

여러 종류의 책을 오래오래 찍을 수 있는 금속 활자

세계에서 가장 먼저 목판 인쇄술이 발달한 나라는 어디일까요? 바로 우리나라랍니다.

목판 인쇄술이란 나무에 글자를 새겨 찍어 내는 것인데, 이 기술로 인해 책을 여러 권 쉽게 찍어 낼 수 있었어요. 석가탑 안에서 발견된 신라 시대의 《무구정광대다라니경》은 세계에서 가장 오래된 목판 인쇄물이라고 해요.

하지만 목판 인쇄술은 나무에 글자를 일일이 새겨야 하기에 노력과 시간이 매우 많이 필요했어요. 거기다 한 종류의 책만 찍어 낼 수 있었고, 많은 나무판이 필요했기 때문에 부피가 크고 보관하기도 어려웠어요. 나무라서 잘못 보관하면 썩어 버리고 글자들이 흐려지는 단점이

있었지요.

이런 점을 보완하기 위해 만들어진 것이 바로 금속 활자예요. 금속 활자는 나무판 대신 금속에 글자를 새기는 기법이에요. 글자를 하나씩 따로 만들어서 책의 내용에 맞게 글자들을 끼워 넣는 것이지요. 글자들을 각각 따로 만들었기 때문에 한 벌의 금속 활자만 있으면 어떤 책이든지 간편하게 만들 수 있었답니다.

서양보다 200년이나 빠른 세계 최초의 금속 활자

금속 활자는 우리나라가 세계 최초로 만들었어요. 기록에 따르면 고려 시대인 1232년에 이미 금속 활자를 사용했다고 해요. 이 금속 활자 기술이 중국을 거쳐 비단길을 지나 유럽으로 건너갔지요.

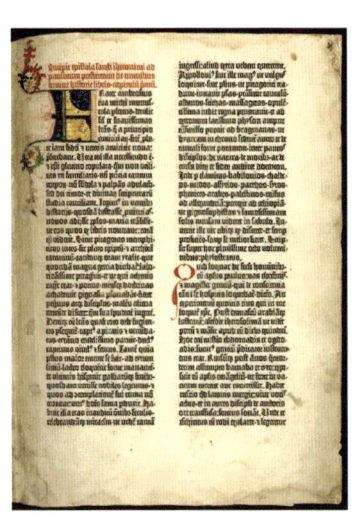
▮ 금속 활자로 인쇄한 구텐베르크 성경

그리고 고려에서 금속 활자가 만들어진 지 200여 년 후, 독일에서도 구텐베르크의 금속 활자가 만들어졌어요. 금속 활자가 생긴 뒤, 인쇄가 쉬워지게 되자 서양에서는 과학과 종교가 크게 발전했답니다. 고려의 금속 활자가 서양 문화 발전에 엄청난 영향을 미친 것이지요. 우리의 인쇄술은 임진왜란 때 일본으로 건너가 일본의 문화 발전에도 큰 도움을 주었다고 해요.

금속 활자를 이용한 인쇄술은 누구나 쉽게 책을 구해 읽을 수 있게 만들어 줌으로써 더 많은 사람이 책을 통해 지식과 정보를 나눌 수 있게 해 주었답니다.

세계에서 가장 오래된 금속 활자본, 《직지심체요절》

금속 활자로 인쇄된 책 중에서 세계에서 가장 오래된 책은 고려 시대에 만든 《직지심체요절》이에요. 정확은 이름은 《백운화상초록불조직지심체요절》이라고 해요. 고려 시대의 승려인 백운화상이 고려 공민왕 21년에 선불교에서 전해져 내려오는 여러 이야기를 모아 만든 책이

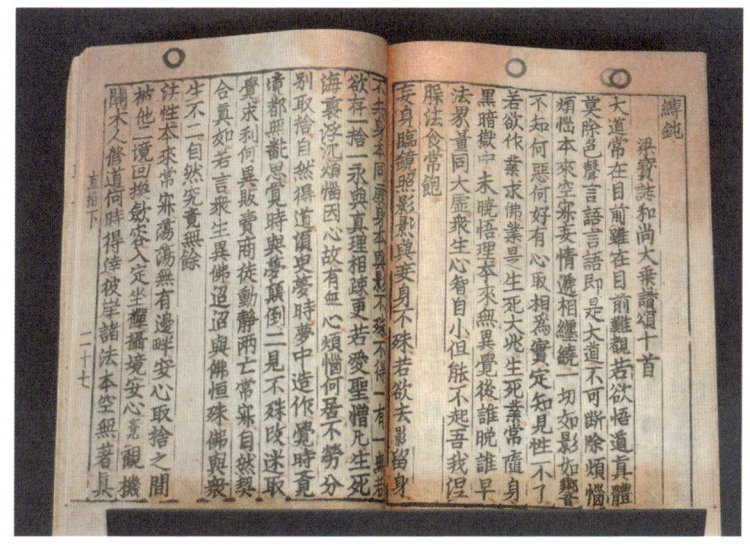

▍금속 활자로 인쇄한 《직지심체요절》

에요. 백운화상의 제자들이 고려 우왕 2년에 충청북도 청주의 흥덕사에서 인쇄했어요. 이 책 덕분에 세계 최초의 금속 활자를 발명한 나라는 독일이 아니라 우리나라라는 것을 세계에 분명하게 증명할 수 있었답니다.

《직지심체요절》은 서양의 구텐베르크의 '42행 성서'보다 78년 앞선 1377년에 인쇄된 책으로, 유네스코 세계기록유산으로 지정되어 있어요. 안타깝게도 《직지심체요절》은 조선 후기 프랑스로 건너가 지금은 프랑스 국립 도서관에 보관되어 있어요.

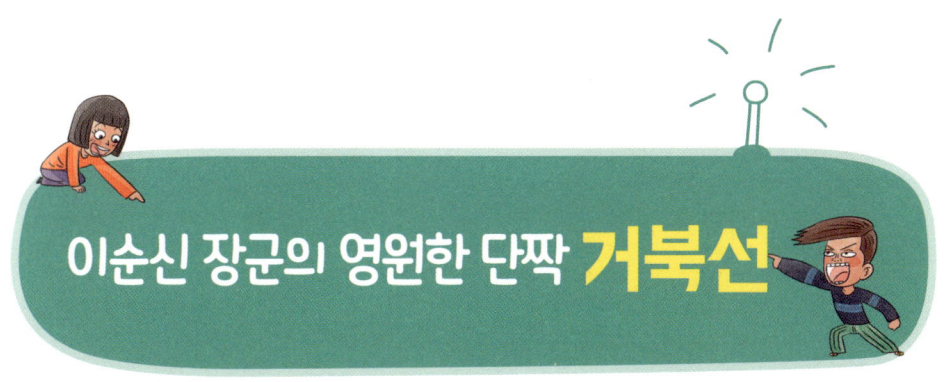

이순신 장군의 영원한 단짝 거북선

거북선을 만든 사람이 정말 이순신 장군일까?

한국 최고의 장수로 손꼽는 이순신 장군 하면 떠오르는 것이 바로 거북선이지요. 그런데 이 거북선은 이순신이 처음 만든 것이 아니라는 사실, 알고 있나요?

거북선은 이순신이 태어나기 훨씬 전부터 있던 배였어요. 기록을 보면 신라 시대에 장보고가 동아시아의 바다를 지배한 청해진을 경영하면서 배 위에 방어용 등껍질을 씌운 독특한 전투선을 개발했다고 나와요. 이 배는 속도가 빠르며 적이 활이나 창을 이용할 때의 공격을 잘 막아 냈어요. 거북선과 유사했다고 하지요.

실제 거북선은 고려 말부터 개발되기 시작했어요. 조선 초기 태종과 세종 때에도 거북선을 만들었다는 기록이 남아 있지요. 그러니까

결국 이순신은 거북선을 처음 발명한 사람이라기보다는 거북선을 제대로 활용할 수 있는 전술을 개발한 사람이라 할 수 있겠네요.

전쟁에서 승리하는 거북선의 비밀

거북선은 판옥선이에요. '판옥'이란 '널빤지로 지은 집'이라는 뜻이에요. 갑판 위에 2층으로 된 판옥을 올려서 판옥선이라 부르지요. 판옥선은 높이가 높아 위쪽에서 아래를 향해 화살을 쏠 수 있도록 되어

 있어 지형지물이 없는 해전에서 유리했어요.

 또한 두 개의 돛을 자유롭게 움직여 적진 사이로 깊숙이 침투할 수 있었지요. 방향을 바꾸기 쉬우니 그만큼 전투에서도 유리한 점이 많아요. 또 거북선은 방어하는 데 탁월한 능력이 있었어요. 노를 젓는 1층과 대포를 발사하는 2층으로 만들어진 높고 큰 배였기 때문에 왜군이 쉽게 배 위에 올라오지 못했거든요. 적의 침입을 막기 위해 지붕에는 철심을 박아 두었어요. 그 아래에는 노를 젓는 사람과 포를 쏘는 포수가 있도록 했지요. 게다가 뱃머리에 용머리를 달고 있어 공포심을 불러일으켰어요. 이렇게 여러 가지 방법으로 설계된 거북선을 이용하여 조선은 왜군을 무찌를 수 있었답니다.

이순신은 정말 백전백승의 전략가였을까?

이순신의 전술은 미국, 영국, 일본 등의 해군사관학교 교재에도 실려 있을 만큼 유명해요. 직접 지휘한 전투에서 모두 승리했는데, 이는 세계 해전사에서도 유례없는 전승 기록이랍니다.

이순신은 정말 단 한 번도 전쟁에서 진 적이 없었을까요? 이순신은 전라좌도 수군절도사가 되기 전 녹둔도를 책임지는 지휘관이었어요. 녹둔도는 두만강 하류에 있는 작은 섬인데, 이 섬에는 여진족이 자주 쳐들어와 조선의 백성들을 죽이고 식량을 훔쳐 갔어요. 1587년, 여진족은 녹둔도에 침략하여 우리 군사 11명을 죽이고 160명의 백성들을 붙잡아 갔어요. 이순신은 즉각 여진족을 정벌하러 갔지만 크게 패하고 돌아왔어요. 붙잡혀 간 백성들은 천만다행히 구했지만 아군의 피해가 너무 컸지요.

이 일로 이순신은 감옥에 갇혔고 사형을 당할 뻔했으나 전쟁에서 백성들을 구한 공을 인정받아 관직만 빼앗기고 목숨을 구할 수 있었어요. 그 후, 이순신은 여진족을 무찔러 큰 공을 세웠고 1591년에 전라좌도 수군절도사가 되면서부터 단 한 차례도 패배하지 않고 계속해서 승리를 거두었답니다.

이순신이 연을 날린 이유

옛날의 군사들은 어떤 방법으로 연락을 했을까요? 무전기도 전화기도 없던 과거에는 봉수대가 있었어요. 밤에는 횃불을 밝히고 낮에는 연기를 피워서 급한 소식을 전하던 통신 수단이었지요.

봉수대는 모두 5개로, 평상시에는 1개를 피우다가 적이 나타나면 2개, 적이 가까이 오면 3개, 적이 쳐들어오면 4개, 적과 싸우면 5개를 피웠답니다.

그렇다면 바다에서 전투를 할 때에는 어떻게 했을까요? 바다에서는 깃발이나 연으로 신호를 했어요. 이순신도 깃발과 연으로 신호를 보냈어요. 깃발은 대충 알겠는데 연은 어떻게 사용하는지 궁금하다고요? 신호연은 여러 모양의 방패연을 만들어 신호를 보냈어요. 각각의 연이 나타내는 뜻을 정확하게 이해하도록 훈련시켰답니다. 그 결과, 군사들은 신호연을 보고 이순신의 명령을 받아 재빨리 움직일 수 있었지요.

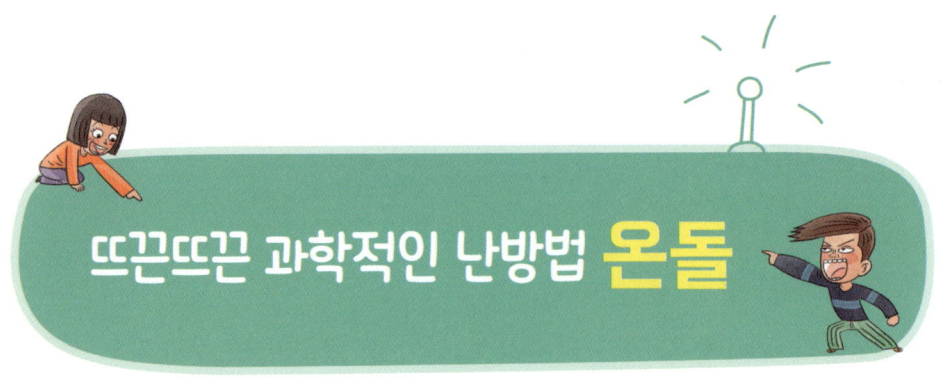

뜨끈뜨끈 과학적인 난방법 온돌

바닥만 데웠을 뿐인데 공기까지 따뜻해지다니!

    온돌은 한국만의 전통적인 난방법이에요. 온돌이 언제부터 사용되었는지는 확실하지 않지만 중부 지방에 있는 철기 시대 초기의 집터 유적에서 온돌 구조 중 하나인 '구들'이 발견된 점으로 보아 한국에서는 아주 오래전부터 널리 보급되었을 거라 추측하고 있어요.

    온돌은 생각보다 매우 과학적인 원리를 가지고 있어요. 아궁이에서 불을 때면 그 열기가 방바닥에 깔아 놓은 구들장으로 전해지는데, 이것은 열의 전도 원리를 이용한 것이에요. 데워진 구들장에서 나온 열기가 방 전체에 퍼지는 것은 열의 복사 현상이고, 방 안의 공기가 위아래로 순환되면서 훈훈해지는 것은 대류 현상으로 볼 수 있지요. 열의 전도와 복사, 대류 현상이 조화를 이루면서 추운 겨울도 따뜻하게 보

❙ 온돌 문화(ⓒ국화문화유산포털)

낼 수 있답니다.

  온돌은 방을 따뜻하게 하는 데 시간이 오래 걸리기는 하지만 열 효율이 높고 매우 위생적이에요. 또한 고장이 나지 않아 경제적이지요. 하지만 방바닥과 윗공기의 온도차가 심하고 환기할 때 온도를 유지하기 어렵다는 단점도 있어요.

서양식 난방법과 온돌의 차이점

서양에서는 왜 신발을 신고 집 안으로 들어갈까요? 우리나라에서는 집에 들어오면 신발부터 벗는 게 당연한 일인데 말이죠. 이것은 난방법에서부터 차이가 나기 때문이 아닐까요?

서양에서는 예전부터 벽난로를 이용하여 집을 따뜻하게 하였어요. 벽에다 난로를 만들어 아궁이를 내고 땔감을 넣어서 불을 지피는 것이죠. 그러면 집 안 전체의 공기가 훈훈하게 데워지니까요. 집 안을 따뜻하게 하는 데에 시간이 많이 걸리지 않고 설치 비용도 크게 들지 않아요. 하지만 벽난로는 공기를 데울 뿐, 바닥을 데우지는 못해서 바닥은 상대적으로 차갑답니다. 그러니 신발을 신고 있을 수밖에요.

그에 비해 우리나라의 온돌은 아궁이에서 불을 때면 열기가 방 밑을 지나 방바닥 전체를 데우는 방식이에요. 그러다 보니 상대적으로 방 전체가 따뜻해지는 데 시간이 좀 더 걸리고 온돌 바닥을 까는 데 설치 비용도 더 들지요. 하지만 바닥까지 따뜻해지기 때문에 난방의 효과가 뛰어나고 금방 꺼지지 않아 열 효율성도 좋답니다. 바닥부터 따뜻하니 당연히 신발을 벗고 바닥에 앉아야 보온 효과를 더 느낄 수 있겠죠?

세계 각국의 난방법

<u>로마의 하이포코스트</u> : 서양의 유적으로 남아 있는 하이포코스트는 '아래로부터 올라오는 열'이라는 뜻을 가지고 있어요. 우리나라의 온돌과 비슷한 방식인 하이포코스트는 서기 15년에 로마에서 개발하여 널리 이용했어요. 부엌에 아궁이가 있는 우리나라와 달리 외벽의 바닥 밑에 있는 아궁이에서 불을 피워 바닥을 데우고, 그 뜨거운 열기가 벽 틈새를 타고 올라가 건물을 데우는 방식이지요. 오늘날까지도 스페인의 일부 가옥에서 사용하고 있는 난방 방식으로, '글로리아'라고 불린답니다.

<u>핀란드의 사우나</u> : 북유럽의 추운 나라인 핀란드는 1년의 절반 이상이 겨울인 곳이에요. 그래서 난방 시설이 잘 발달해 있는데, 그중 대표적인 것이 바로 사우나예요. 핀란드에서는 대부분 집마다 핀란드 전통 목욕탕인 사우나 시설을 갖추고 있어요. 사우나를 통해 땀을 빼면서 몸을 따뜻하게 풀어 주는 것이죠. 그렇기 때문에 사우나는 핀란드의 상징이자 핀란드 생활에 없어서는 안 될 중요한 문화가 되었어요. 오죽하면 중요한 회의나 파티를 할 때도 같이 사우나를 즐기면서 할 정도라고 하네요. 사우나는 돌을 달궈 발생하는 열과 한 번씩 물을 뿌려 발생하는 증기를 함께 이용하고 있답니다.

| 러시아의 페치카

러시아의 페치카 : 북극과 가까운 러시아에도 추위를 이기기 위한 난방 장치가 있어요. 난방과 취사를 동시에 하는 난로 '페치카'가 대표적이지요. 페치카는 방의 구석에 난로를 설치하는데, 돌과 찰흙, 벽돌로 벽면의 일부가 되도록 만들어요. 난로에 불을 지피면 연료가 타면서 벽돌이 따뜻해지고, 따뜻해진 벽돌에서 열이 나와 방 안의 온도를 높이는 것이지요. 하지만 난로 주변만 굉장히 따뜻하고 매캐한 연기가 실내로 들어오는 것이 단점이랍니다.

해외는 K-난방법에 열광한다!

2018년 평창올림픽에서 참가 선수들 못지않은 주목을 받은 것이 있어요. 무엇일까요? 바로 우리나라의 온돌입니다. 평창에서 지낸 세계의 선수들은 온돌을 직접 체험하고 놀라움을 표했어요. IOC 위원장이 선수촌 숙소의 온돌을 보고 감탄했다는 뉴스가 나오기도 했죠.

방 안으로 연기가 들어오지 않아 쾌적하고, 한번 불을 때면 오랫동안 따뜻함을 느낄 수 있어 경제적이며, 무엇보다 원하는 만큼 따뜻하게 이용할 수 있는 온돌! 전 세계에서 주목할 만하죠?

코펜하겐의 오페라 하우스도 우리의 온돌식 난방을 사용하고 있고 일본과 중국, 호주에서도 온돌식 바닥 난방 시스템을 점차 늘리고 있어요. 자원이 점차 부족해지고 환경 오염이 심각한 문제로 등장하면서 우리의 온돌이 전 세계적으로 주목을 받고 있답니다.

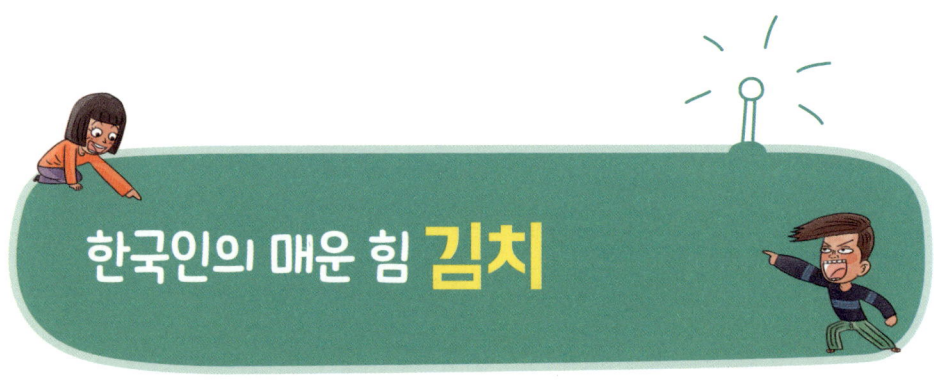

한국인의 매운 힘 김치

김치는 언제부터 만들었을까?

우리나라 고유 음식인 김치가 언제 시작되었는지는 의견이 저마다 달라요. 그건 김장 방식에 따라 차이가 나기 때문이에요. 지금 우리가 먹고 있는 배추는 잎사귀도 많고 아주 실해 단단하지만 재래종 배추는 잎사귀에 힘이 없고 무엇보다 성겨서 옆으로 처졌어요.

지금의 배추는 19세기 말이나 20세기 초에 중국으로부터 들어왔다고 해요. 그래서 지금 우리가 먹는 것과 똑같은 배추김치가 나온 것은 100년 정도밖에 안 되었어요.

또 고추를 넣어 빨갛고 매운 맛이 나는 김치는 임진왜란 이후에 나왔다고 보아야 해요. 고추는 임진왜란 즈음 일본에서 들어왔기 때문이지요. 물론 소금에 채소를 절여 먹었다는 기록은 삼국 시대부터 있었어요. 김치의 핵심이 소금에 채소를 절여 오랫동안 보관하여 먹는 것이므로, 따져 보면 우리나라 김치의 역사는 아주 오래된 셈이지요.

그러다 고려 시대에는 소금으로 절인 채소에 다른 채소와 향신료로 한 번 더 양념한 물김치가 등장했고, 조선 시대에 고추가 들어온 이후 해산물 젓갈류가 더해지며 지금의 김치 형태가 정착되었어요.

김치는 왜 과학적일까?

지금이야 겨울에도 비닐하우스에서 채소를 재배할 수 있고 집마다 냉장고가 있으니 겨울에 채소를 먹는 일이 어렵지 않지만 옛날에는 불가능한 일이었지요.

사람이 살기 위해서는 비타민 C를 섭취해야 하는데, 이것은 주로

채소를 통해서 해결했거든요. 하지만 겨울에는 채소를 먹을 수 없었기에 인류는 많은 저장 방법을 고안해 냈지요. 그중 많이 썼던 방법이 소금에 절이거나 말려서 보관하는 방법이에요.

그런데 이 방법은 아무래도 영양이 많이 파괴되고 맛도 떨어져요. 김치는 바로 이런 문제를 해결한 우리나라 고유의 발명품이랍니다. 김치는 겨울 내내 채소의 신선함을 그대로 유지할 수 있게끔 저장하는 방법으로 만들었기 때문에 훨씬 과학적인 것이지요.

이런 훌륭한 저장법 덕분에 우리 조상들은 겨울에도 비타민 C를 섭취하는 데에 전혀 문제가 없었어요. 김치의 재료에서 빠질 수 없는 고추에는 사과의 50배, 밀감의 2배나 되는 엄청난 양의 비타민 C가 있다니 놀랍지요?

김치를 먹으면 무엇이 좋을까?

김치에는 비타민 C뿐 아니라 비타민 A와 비타민 B 모두 함유되어 있어요. 김치는 숙성하는 과정에서 젖산균을 만들어 내는데, 자연 발효된 김치에 포함된 젖산균은 식중독균, 병원균과 같은 유해균의 생육을 억제하고 장을 건강하게 활동하게 함으로써 변비와 대장암을 예방하는 데 효과가 있어요.

숙성 과정에서 비타민 B1, B2, B12, 나이아신 등의 비타민 B군 영양소들도 크게 증가하게 되지요. 이들은 인체의 여러 가지 대사에 관여

| 배추김치

하고 신경통과 피로 회복에 큰 도움을 주어요.

또한 김치에 들어 있는 비타민 C와 베타카로틴, 클로로필 등은 항산화 작용을 일으켜 노화 억제에 효과가 있답니다. 게다가 김치는 칼슘, 칼륨, 철, 인 등의 무기질 공급원으로도 중요한 역할을 해요.

특히 고춧가루에 포함된 캡사이신은 신진대사를 활발하게 함으로써 지방을 연소시켜 체중 조절에 도움을 준다니, 여러분도 오늘부터 김치를 더 많이 먹는 게 좋겠어요.

유네스코에도 등재된 김장

김장은 겨울 동안 먹을 김치를 한꺼번에 저장하기 위한 한국만의 주요 행사예요. 보통 겨울이 시작되는 입동 전후에 집안 식구들이 다 모여 해요. 이때 담근 김치를 김장 김치라 부르는데, 예로부터 우리나라에서는 어느 지역, 어느 가정에서나 김장 김치를 담갔어요.

김장 김치는 5℃ 전후의 낮은 온도에서 온도의 변화 없이 익히고 저장해야 맛이 좋고 변질되지 않아요. 그래서 알맞은 온도를 유지하기 위해 김치광을 따로 두어 그곳에 김칫독을 묻고 짚방석을 만들어 덮지요.

짚방석을 덮는 것은 방한 효과뿐만 아니라, 미생물을 번식시키려는 목적도 있어요. 볏짚에서 번식하는 이 미생물들이 김치의 숙성을 돕기 때문이죠. 김장은 2013년 유네스코 인류무형문화유산 대표 목록에도 등재되었어요.